朝日新書
Asahi Shinsho 934

どろどろの聖人伝

清涼院流水

朝日新聞出版

まえがき

レジェンドはキリスト教の「聖人伝」のことだった

ノン・クリスチャンの日本人が日常生活で「聖人」という言葉を使う機会は、あまり多くないかもしれませんが、人徳や知識、知恵の優れた人を示す表現「聖人君子」は、宗教に関係なく用いられます。そのため、「聖人」という言葉を聞いただけで、それらしき立派な人物をぼんやりと想像できるのではないでしょうか。ある有名女優の不倫が報道された時、夫が開いた会見が「聖人会見」などと評されているのを見たことがあります。そのくらい、一般人にもイメージが伝わりやすい用語ということです。

もちろん、「聖人」はキリスト教だけの専売特許ではなく、仏教やイスラム教などの諸宗教にもある概念ですが、世界史に絶大なインパクトを与え続けてきた存在という意味において、キリスト教の聖人たちの人材豊富さと個性の多彩さは抜きん出ています。

世界最大の宗教であるキリスト教の2000年にわたる歴史を華やかに彩ってきたのが、聖人たちです。近年は「レジェンド」という言葉がそのまま日本語として用いられるようになりましたが、レジェンドの語源であるラテン語「レゲンダ」は、元は「聖人伝（＝キリスト教の聖人たちの伝説）」を示す言葉でした。実際、英和辞書にも英単語レジェンド（legend）の意味として「聖人伝」が記載されています。キリスト教圏で語り継がれてきた伝説的な聖人たちは、現代社会で「レジェンド」と呼ばれて敬愛されている偉人たちのような存在だったのかもしれない、と想像を働かせることもできます。

聖人と聞くと「清廉潔白《せいれんけっぱく》な人」というイメージを浮かべる方は多いはずです。事実、聖人たちは大前提として清らかな人生を貫《つらぬ》いたからこそ聖人として尊崇《そんすう》されているのですが、彼らの聖性が際立《きわだ》つのは、周囲にいた人たちのどろどろの愛憎劇に巻き込まれてしまったから、という面もあります。聖人たちは清らかだとしても、彼らの苦闘の人生を伝える聖人伝は、人間関係がどろどろしている逸話が多い、ということです。

キリスト教会は教義をめぐって西暦1054年に西の「ローマ・カトリック教会」と

東の「東方正教会」に分裂しました。それでも、キリスト教が誕生した「初代教会」の頃から現在までの2000年間、聖人崇敬は東西両教会で1度も途切れずに連綿《れんめん》と受け継がれてきました。一方、16世紀の宗教改革でカトリック教会から分裂したプロテスタント教会では、多くの教派で聖人崇敬を否定しています。ですから、こんにちのキリスト教会のすべてが聖人を崇敬しているわけではないことは、ここに明記しておく必要があります（キリスト教会が時代を経て幾度も分裂した詳細な経緯について、ご興味のある方は、拙著『どろどろのキリスト教』をご参照ください）。

ひとくちに「キリスト教の聖人」と言っても、聖人が崇敬される全教派で認定されているメジャーな聖人と、一部の教派でのみ認められているマイナーな聖人がいます。いったん聖人に登録されたものの、伝説の真偽《しんぎ》が疑わしいため祝日を取り消された人物も多くいます。また、たとえば本書で紹介する「幼子《おさなご》殉教者《じゅんきょうしゃ》」のように集団で殉教し、正確な人数がわからない場合、グループ全体で1枠の聖人として認定されているケースもあります。そのため正確な総数を述べることは難しいですが、英語の聖人事典には2000人近い聖人が掲載されています。1年366日のすべてが何人かの聖人の記念日とされていて、それを紹介する聖人事典が海外では多く出版されています。

ノン・クリスチャンやプロテスタント教会がカトリック教会や東方正教会を否定する際、聖人崇敬が理由になることも多いです。キリスト教は天地を創造した全能の唯一神を礼拝する宗教なのに、聖人たちを敬うなら多神教と変わらない、という批判です。

確かに、キリスト教における聖人崇敬は、日本の八百万《やおよろず》の神への信仰と類似点があります。ただ、神道などの多神教では「私の願いを叶《かな》えてください」と個別の神に祈るのに対し、キリスト教の聖人崇敬では「私の願いを神様が叶えてくださるように、執《と》り成《な》して（取り次いで）ください」とお願いする点が決定的な相違です。つまり、多神教の神々は、それぞれの神に願いを叶える力があると信じられているのに対し、一神教であるキリスト教の聖人たちには願いを叶える力はなく、彼らは全能の唯一神に執り成してくれる、あくまで仲介者だと考えられているのです。そのため、神への「礼拝」や「崇拝」と区別して、聖人には「崇敬」という表現が用いられます。

キリスト教の聖人崇敬は極めて日本的な宗教観

古代のキリスト教会においては、ローマ帝国による弾圧で壮絶な殉教を遂げた者たちが聖人として自然にクリスチャンの崇敬を集めていました。聖人たちの数が膨れ上がり、新たな聖人を決める審査が設けられるようになったのは、10世紀以降です。

昔はかなり適当に聖人が決められていたことを象徴するエピソードとして、ある時、出どころのわからない聖遺物《せいいぶつ》（＝聖人の遺品）に「速達」という貼り紙がしてありました。それを見た人は、「速達」という名前の聖人だと誤解し、どこかの聖「速達」さんにお祈りをしたところ願いを聞き入れられたので、聖人として認定されました。それがエクスペディトゥスという名の実在が疑われている4世紀の聖人なのですが、彼は「速達」から生まれただけあり、「なにかを急いでしないといけない人たちの守護聖人」と見なされています。この聖人名の由来であるラテン語エクスペディテは、「物事を急いで片づける」という意味の英単語エクスペダイト（expedite）の語源でもあります。

もうひとつの例として、4世紀の「聖女ウルスラと1万1000人の殉教者」という聖人たちがいます。聖女ウルスラといっしょに殉教したのは、当初の資料ではふたりだけだったのですが、「ウルスラとふたり」のラテン語の表記を少し間違って書いたものが「ウルスラと1万1000人」と誤解され、伝説として定着してしまったと考えられます。つまり、1万998人は、どこにも存在しないのです。そのようなケースもあるので、聖人たちの総数を特定するのは極めて困難（おそらく不可能）です。

もちろん、現代は情報化社会ですので、聖人は、いくつもの段階を経て慎重に認定されます。キリスト教のカトリック教会は、生前に目立った人道的活動をしたクリスチャンが帰天《きてん》（死去）し、「あの人は聖人だったのではないか」という評判が生じた者をまず「神のしもべ」と認定します。「神のしもべ」として誠実な生涯を送ったと調査で確認された者は、次に「尊者《そんしゃ》」に認定されます。その尊者への祈りで通常は起こり得ない（医学や科学で説明のつかない難病の突然の完治などの）奇跡が確認された場合、まず「福《ふく》者《しゃ》」と認定され、その福者への祈りでさらなる奇跡が確認された時に、初めて「聖人」と認定されます。聖人候補に名前が挙がってから列福《れっぷく》（＝福者の認定）、列聖《れっせい》（＝聖人の認定）されるまで通常は最低数十年で、数百年かかるケースも珍しくありません。

聖人候補者へのお祈りで奇跡が起きることを重視するのは、聖人たちは生前も死後も神様から特別な恵みを受ける存在だと考えられているためです。神様に選ばれた聖人たちなら死後も天国で神様の近くにいるはず――だから、その人物が本当に聖人なら、その人へお祈りした私の願いは、きっと神様に取り次いでもらえるはず――奇跡が起きるはず――というロジックがあるのです。そのため、生前にどれだけ巨大な人道的功績のあった人物も、死後に奇跡を執り成したという万人に認められる実績がない限り、福者にも聖人にもなれません。そこは列聖調査委員会によって厳正な審査がされます。このように、奇跡と聖人は決して切り離せない関係にあるのです。

死者に執り成しをお願いする、と聞くとスピリチュアルやオカルトのように感じる方がいらっしゃるかもしれませんが、キリスト教の特殊な文化ではありません。日本社会においても、窮地《きゅうち》の時や人生の大事な局面で、神仏だけでなく先祖に「おじいちゃん、助けて」などと真剣にお祈りすることは、よくあるのではないでしょうか。また、豊臣秀吉や徳川家康、あるいは菅原道真や平将門などの歴史人物は、元は生身の人間でしたが、死後に神として祀《まつ》られ崇敬の対象となった点で、キリスト教の聖人たちと類似しています。だからこそ、聖人崇敬は多神教と同じだという誤解も生じるのです。

いちばん重要なことなので、くり返し強調しますが、キリスト教の聖人たちは決して

「願いを叶えてくれる多神教の神様」ではなく、「願いを叶えてくれる唯一神への執り成しが、かなり期待できる有力な仲介者」です。仏教で先祖の加護を求めて祈るのと同じように、キリスト教でも亡くなった方たちの加護を求めて、お祈りをします。その際も、「おじいちゃん、助けて」（おじいちゃんに助ける力があるという信仰）ではなく、「おじいちゃん、神様が助けてくださるように、天国で執り成してください」と祈るのが、キリスト教における祈りのスタイルで、聖人崇敬も、その一環です。前述の通り、教会公認の聖人たちは神様に取り次いで奇跡を起こす力が既に証明されているので、おのずと一般人の先祖より頼られる機会が多くなります。そうした聖人崇敬の頂点に位置づけられるのがイエス・キリストの母――聖母マリアです。聖母マリアは関連する聖人が多いため、本書では、さまざまなエピソードをご紹介します。

みんな大好きサンタさんは「聖人さん」という意味

クリスマスの夜に贈り物を届けてくれるサンタクロースは子供たちのヒーローで、かつて子供だった大人たちも「サンタさん」と聞いただけで不思議と心が温まる方も多いのではないでしょうか。サンタクロースの伝説の元になったのは、4世紀前半、現在のトルコ南西部にあたるミュラの教会で司教を務めていたニコラウスという人物です。

ニコラウスは裕福な家の出で、両親の莫大《ばくだい》な財産を相続しました。ところが、彼の隣家は極貧《ごくひん》の暮らしをしており、その家の娘たち3人が春を売って生活していることを知ったニコラウスは、夜中にその貧しい隣人の家に忍び寄り、金塊を投げ入れました。家族は「神様からのお恵みだ！」と泣いて喜び、その金塊のおかげで長女は結婚できたのですが、残るふたりの娘は貧困家庭にとどまっていました。ニコラウスは次女と三女のためにも夜の隣家に金塊を投げ入れたので、三姉妹は全員がしあわせになりました。現代日本でSNSのフォロワーにお金をプレゼントする大富豪が「お金配りおじさん」と呼ばれたことがありますが、元祖「お金配りおじさん」は、このニコラウスです。

ニコラウスは、そのほかにも人助けを多く行《おこな》い、のちに聖人と認定され、聖ニコラウスとなりました。この聖ニコラウスのオランダ名が「シント・クラウス」で、それを英語読みした「セイント・クローズ（サンタクロース）」の伝説がオランダからアメリカ大陸に渡った移民によって伝わり、やがて世界一人気のある聖人となりました。この「セイント」は「セント」「サン」「サンタ」とも表記されます。つまり、日本でもよく知られた「サンタ」「サンタさん」は、「聖人」「聖人さん」という意味なのです。サンタクロースはノン・クリスチャンからも広く愛される、まさに聖人の代名詞です。そんな彼は高潔なだけの人物ではなく、大事な会議の最中にキレすぎて投獄されたという人間臭い逸話も残されていて、そのエピソードについては本書の第4章でご紹介します。

キリスト教の祝日として、クリスマスと並んで日本人のあいだでも広く知られているのはバレンタインデーでしょう。この祝日の元になったヴァレンタイン（ヴァレンティヌスとも表記されます）というイタリア人司祭はふたりいて、どちらも3世紀のローマ帝国によるキリスト教弾圧で2月14日に殉教しました。同名の司祭が同日に殉教したというのはできすぎた偶然なので、ひとりの逸話がふたりの話に誤認されたと考えられています。ヴァレンタインには特筆すべき逸話はなく、当時のクリスチャンの典型例で、ローマ帝国によるキリスト教弾圧下でも信仰を貫いたために処刑されました。

ヴァレンタインが人気になったのは、毎年2月14日頃から鳥たちがつがいをつくり始めるという伝説が中世にあり、たまたま2月14日に殉教したヴァレンタインが「愛の守護聖人」と見なされるようになったからです。やがて、聖ヴァレンタインの日（セイント・ヴァレンタインズ・デイ）に恋人たちがカードや贈り物を交わす習慣が19世紀のアメリカで自然発生的に生まれ、これを利用した製菓業界の戦略により、20世紀後半の日本では「女性が好きな男性にチョコレートを贈る日」という、聖ヴァレンタインとはなんの関係もないブームが一時的に流行しました。ですが、次第にチョコの強要がハラスメントと見なされるようになり、現在ではすっかり下火になっています。

なお、20世紀後半のカトリック教会の改革で、実在が疑問視される聖人の祝日は取り消され、聖ヴァレンタインも祝日が取り消されてしまった聖人のひとりです。その意味でも、バレンタインデーは、聖人とはなんの関係もない一時の狂騒でした。

史実ではないエピソードも実話以上の影響がある

聖ニコラウス（サンタクロース）や聖ヴァレンタインのように、歴史的事実と関係なく伝説だけひとり歩きするケースが多いのが、聖人伝の特徴です。眉《まゆ》をひそめる方もいらっしゃるかもしれませんが、伝説が定着した背景には、人々がそのような物語を必要として、ある聖人がその伝説を託すのにちょうど良かった、という時代背景や社会構造がありました。日本における偉人伝にも、まったく同じ構造を指摘できます。

たとえば、古代日本を代表する偉人の聖徳太子（生前の名前は厩戸《うまやど》皇子《のみこ》）には「10人以上の話を同時に聞き分けることができた」「未来を予知できた」といった有名な伝説があります。厩戸皇子が本当にそのようなスーパーマンだったと信じている人はあまりいないでしょうし、厩戸皇子の実在を疑う人も根強くいます。それでも、現代日本に多くの人の話を同時に聞ける人物がどこかにいたら、「あの人は聖徳太子みたいだね」と言われる可能性はあります。同じような意味合いでキリスト教の聖人も機能しています。

人類の歴史上もっとも有名な探偵シャーロック・ホームズは、作家コナン・ドイルが生み出した架空の人物ですが、推理小説ファンの中にはホームズを実在の人物以上にリアルだと感じている人は多いでしょうし、見事な推理力を発揮する人がいたら、「あの人はホームズみたい」と言われることもあります。同じように、それぞれキャラが立っている聖人たちも、クリスチャンたちが希望を託せるわかりやすい対象として、愛されてきました。大事なのは完成された聖人伝であり、伝説を愛する人たちにとって、元ネタの人物がはたして実在したのかという問題は、実は大して重要ではありません。

たとえば、3世紀に殉教したレプロブスという大男は、彼が実際にどのような人物だったかは伝わっていないのですが、いつしか「レプロブスは、幼児の姿をした地球より重いイエス・キリストをかついで川を渡った」という奇妙な伝説が定着し、「キリストを背負った者」を意味する「クリストフォロス」の名で呼ばれるようになり、ヨーロッパでは大きな人気を集めました。「その日にクリストフォロスの姿を見た人は決して死なない」とまで言われたため、ヨーロッパにはクリストフォロスの銅像や絵画を見えやすいところに置いている教会が多くあります。いのちを守ってくれると信じられたことからクリストフォロスは「旅人や交通安全の守護聖人」となりましたが、おとぎ話のような彼の伝説に根拠はまったくなく、「ドクターイエロー(=線路を点検する目的で走らされる黄色い新幹線)を見たらしあわせになれる」という話と同レベルの都市伝説です。

クリストフォロスは、カトリック教会の聖人の祝日リストから現在は除外されていますが、今も人々に愛されています。欧米に多いクリストファーという名前は、この聖クリストフォロスに由来します。ヨーロッパ人にとっての「新大陸」アメリカを発見したクリストファー・コロンブスは、大航海の最中、何度も聖クリストフォロスの守護を求めてお祈りしていたかもしれません。また、その聖人の影響はヨーロッパだけでなく遠く離れた日本にも及んでいて、芥川龍之介の短編「きりしとほろ上人伝」は、この聖クリストフォロスの伝説を小説として描いたものです。

4世紀に殉教したことだけがわかっているゲオルギウスという聖人も、彼が実際にどんな人物だったのか、わかっていないのですが、いつしか「聖ゲオルギウスは、お姫様を助けるためにドラゴン（竜）を退治した」という、人気ゲーム「ドラゴンクエスト」の元ネタのようなファンタジー的な伝説が生まれ、大衆に愛される聖人となりました。ここで語られる「竜」というのは外敵の暗喩《あんゆ》でもあり、そのため、ゲオルギウスはキリスト教がイスラム教と戦った十字軍の時代に特に人気を集め、崇敬されました。なお、かつてグルジアと呼ばれていた国ジョージアや、アメリカのジョージア州、また、ジョージという人名は、すべて、この聖ゲオルギウスに由来します。

聖クリストフォロスや聖ゲオルギウスを崇敬しているクリスチャンは、伝説通りの人物が過去に実在したと信じているわけではありません。ただ、自然に確立されたそれらの聖人伝を、人々は心のよりどころにしてきた、ということなのです。日本に置き換えれば、桃太郎や浦島太郎のおとぎ話を実話だと思っている人はいませんが、それでも、それらの昔話は日本人の精神性になんらかの影響を与えているはずです。キリスト教圏で語り継がれてきた聖人伝も、同じように人々に影響を及ぼしてきました。

そのように人類史の中で連綿と語り継がれてきた聖人たちの確かな痕跡《こんせき》は、現代社会においても、いくつも見つけることができます。たとえば、アメリカの都市サンフランシスコは、アッシジの聖フランシスコ（サン・フランシスコ）に、ヴァチカン市国の中心サン・ピエトロ広場は聖ペトロ、水の都ヴェネツィアの中心サン・マルコ広場は聖マルコ、ブラジルの都市サンパウロは聖パウロ（サン・パウロ）にそれぞれ由来しますし、ロシアのサンクトペテルブルクは「聖ペトロの街」、フランスのモン・サン・ミシェルは「聖ミカエルの山」という意味で名づけられた地名なのです。

聖人崇敬する教派のクリスチャンたちですら聖人伝を鵜呑《うの》みにしているわけではないことは再度、強調いたしますが、人々のあいだで聖人伝が語り継がれ、国名や地名にまでなった聖人たちがいることは、だれも否定できない人類史上の事実です。キリスト教が広く信仰されている各国では常識として語り継がれてきた主要な聖人伝の数々を、本書をきっかけに日本人読者にも知っていただけたら、それに勝る喜びはありません。本書で語られる聖人伝を、実話として信じていただく必要は、まったくありません。こうした聖人伝がキリスト教国では愛され、多くの芸術作品の題材になってきたという不思議な現象を、日本と異なる興味深い文化として楽しんでいただければ幸いです。

どろどろの聖人伝　目次

第1章 救世主イエスの処刑以前の聖人たち 27

第2章 聖人となった救世主イエスの弟子たち

第3章 大殉教時代に伝説となった聖人たち

第5章 現代にも影響を及ぼす伝説的な聖人たち

帯・目次・章扉・図版デザイン
杉山健太郎

第1章

救世主イエスの処刑以前の聖人たち

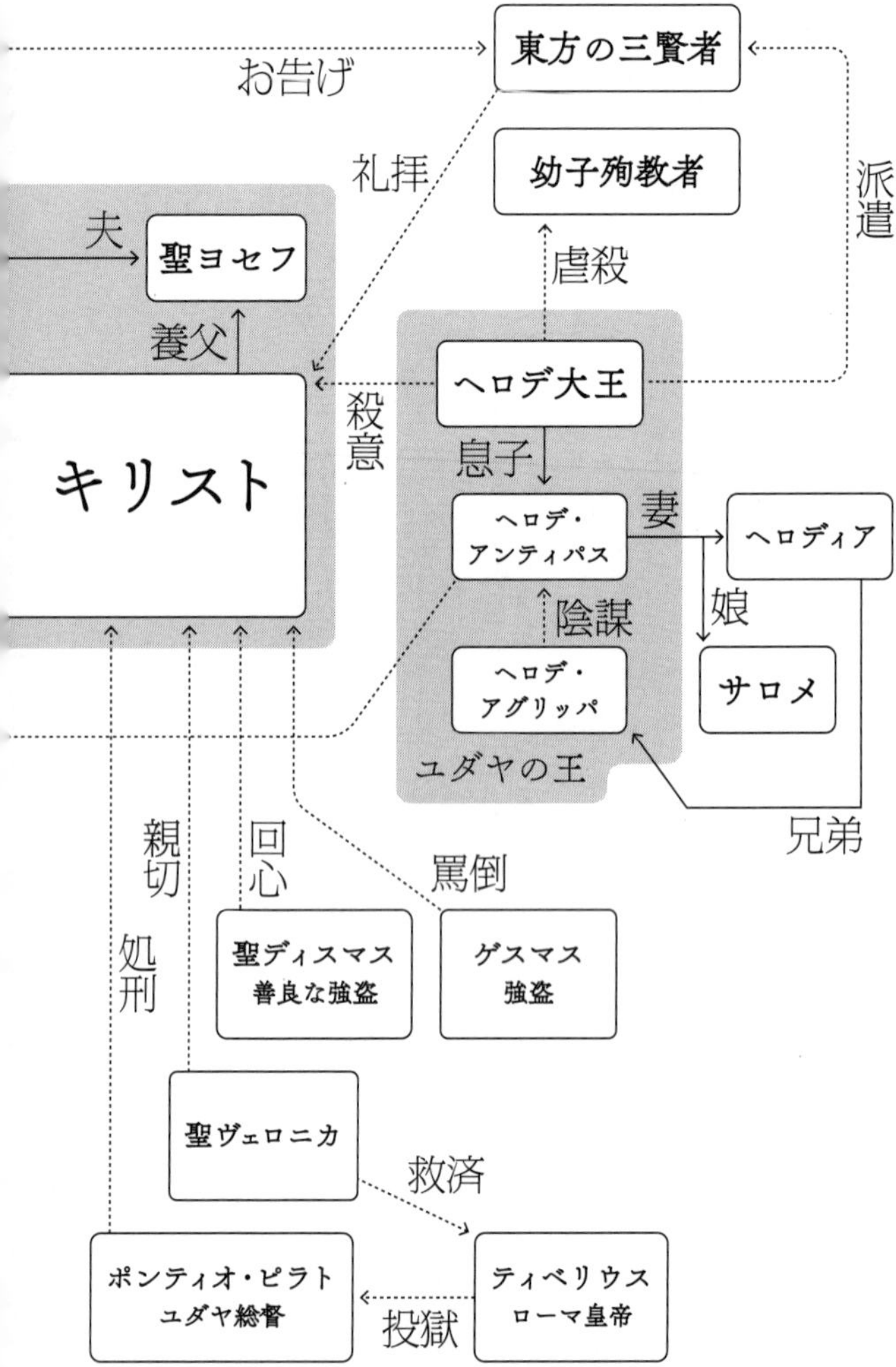
東方の三賢者
お告げ
礼拝
幼子殉教者
派遣
夫
聖ヨセフ
虐殺
養父
ヘロデ大王
殺意
キリスト
息子
ヘロデ・アンティパス
妻
ヘロディア
陰謀
娘
ヘロデ・アグリッパ
サロメ
ユダヤの王
兄弟
親切
回心
罵倒
処刑
聖ディスマス
善良な強盗
ゲスマス
強盗
聖ヴェロニカ
救済
ポンティオ・ピラト
ユダヤ総督
投獄
ティベリウス
ローマ皇帝

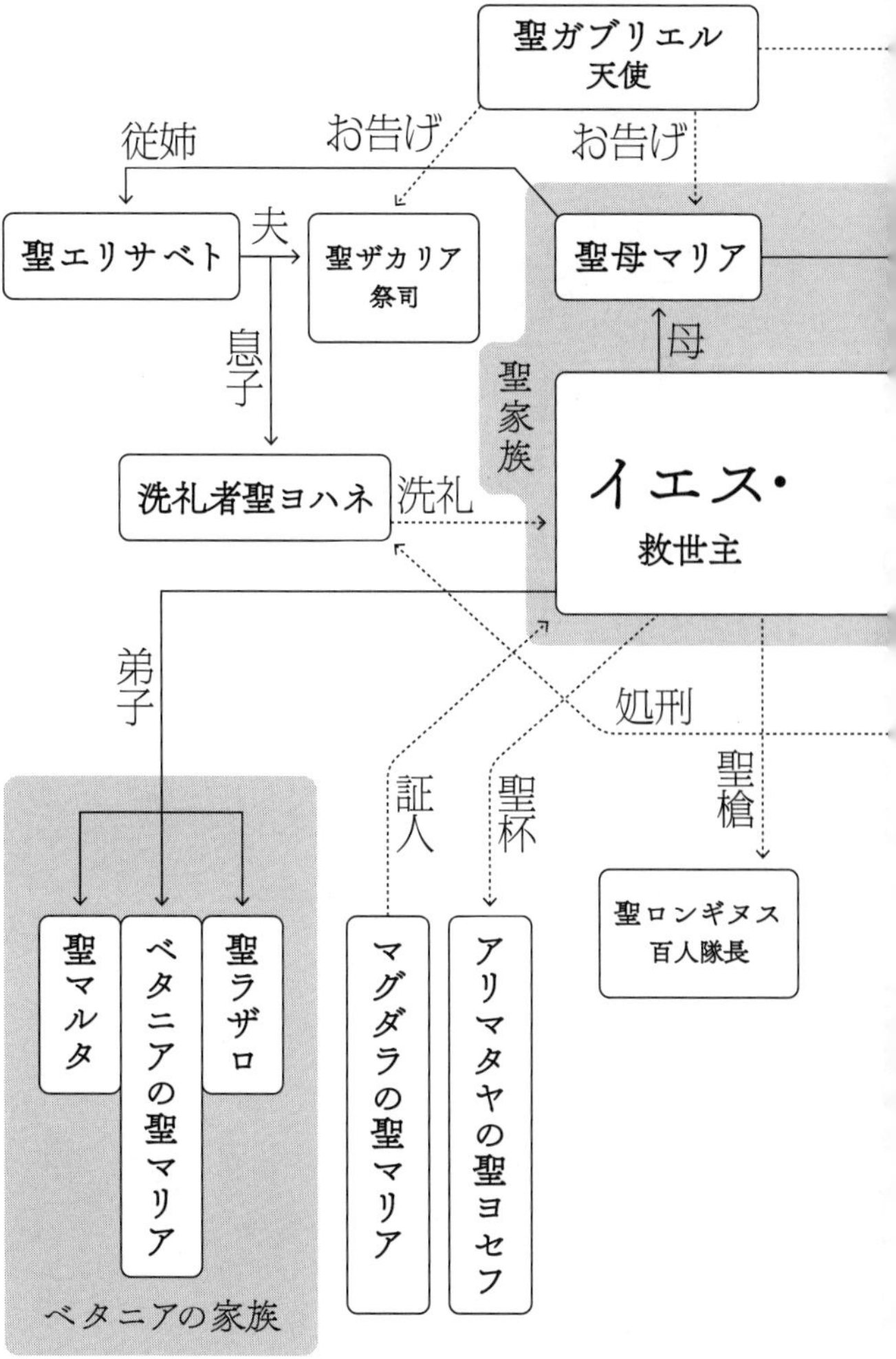
聖ガブリエル
天使
お告げ
お告げ
従姉
聖エリサベト
夫
聖ザカリア
祭司
聖母マリア
母
息子
聖家族
洗礼者聖ヨハネ
洗礼
イエス・
救世主
弟子
処刑
証人
聖杯
聖槍
聖ロンギヌス
百人隊長
聖マルタ
ベタニアの聖マリア
聖ラザロ
マグダラの聖マリア
アリマタヤの聖ヨセフ
ベタニアの家族

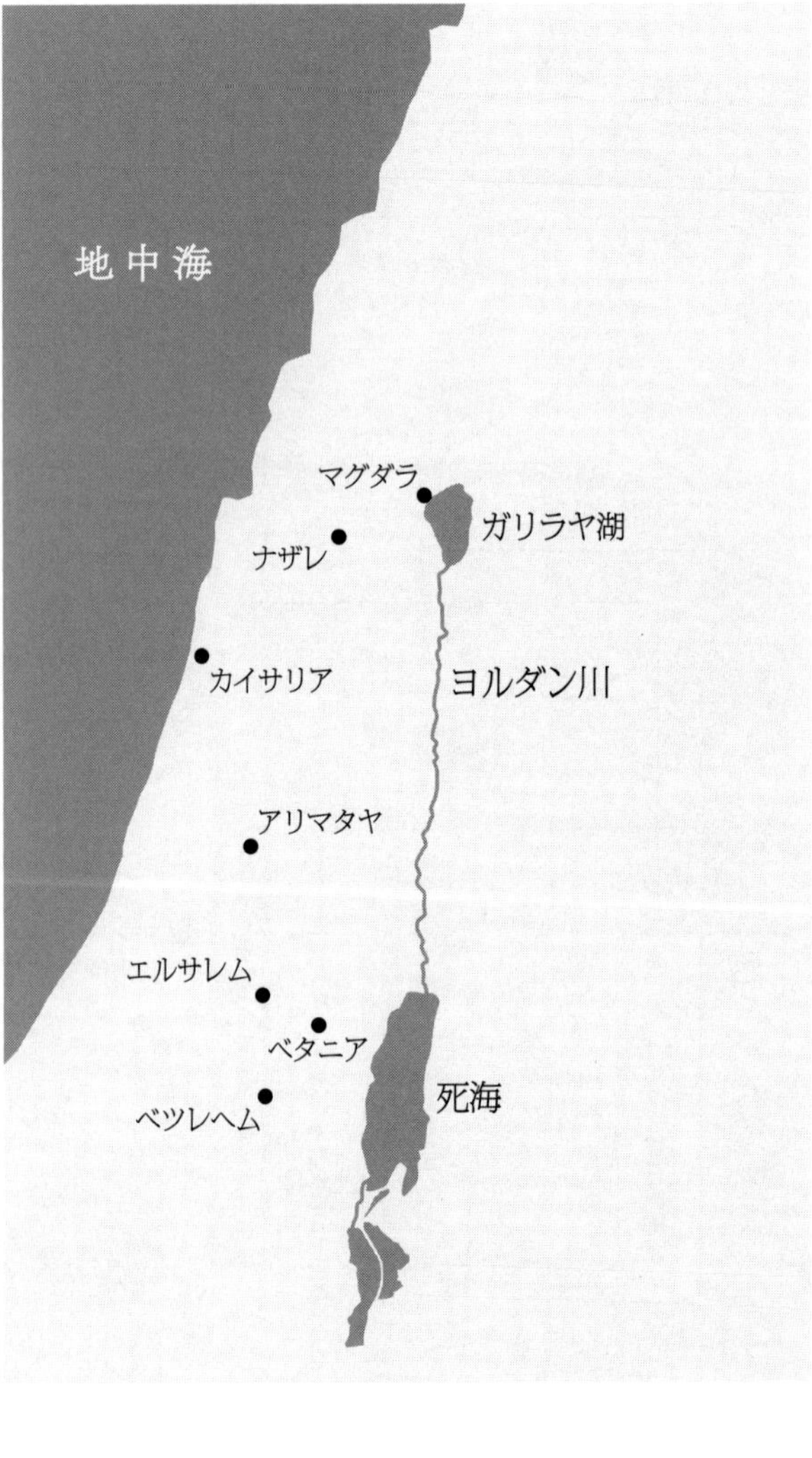
地中海
マグダラ
ガリラヤ湖
ナザレ
カイサリア
ヨルダン川
アリマタヤ
エルサレム
ベタニア
死海
ベツレヘム

危うく石打ちの刑で殺されるところだった聖母

救世主《きゅうせいしゅ》イエス・キリストの母マリアが、男性を知らず処女のまま神様の不思議な力でイエスを身ごもったというエピソードは、ノン・クリスチャンにも広く知られています。キリスト教への信仰心のない方が「そんなバカげた話があるわけない。だれかと婚前交渉しただけだろう」という印象を持たれるのは当然ですが、現代日本人と当時の人々の感覚には大きな隔《へだ》たりがあります。イエスの母マリアは、天地を創造した唯一神を信じるユダヤ人（ユダヤ教徒）でした。現代でも、結婚前の女性が男性と密通したことがわかると処刑される国は実際にありますが、当時のユダヤ教社会も同じでした。ユダヤ教には「律法《りっぽう》」と呼ばれる厳しい戒律《かいりつ》があり、婚前交渉の罪を犯した女性は、群衆たちから死ぬまで石を投げつけられる「石打ちの刑」で残酷に処刑されることになっていたのです。気軽に婚前交渉できる社会ではなかった、という大前提がまずあります。

ある日、小さな村ナザレで暮らす少女マリアの前に天使ガブリエルが現れ、「アヴェ・マリア（＝おめでとう、マリア）、恵みに満ちた方。あなたは間もなく聖霊《せいれい》の力で神の子を宿《やど》します」と告げました。マリアは当然のごとく驚き、とまどいました。

「どうして、そんなことがありえましょう。わたしは男の人を知りませんのに」

このいわゆる「受胎告知《じゅたいこくち》」の場面を描いた有名な絵画が無数に遺《のこ》されていますので、ピンとこない方は、ぜひインターネットで「受胎告知」と検索してみてください。たくさんの著名な画家たちが、この時のマリアの困惑を、多彩な表現で描写しています。

当然ながら最初は困惑したマリアでしたが、彼女が傑出していたのは、目の前に現れた天使を信じ、そのメッセージをくれた神をすぐさま素直に信じたことです。

「……それでは、神様の御心《みこころ》の通りになりますように」

マリアは、ただ従順に従ったわけではありません。男性を知る前に子を宿すことで、石打ちの刑で殺されるかもしれない恐怖もあったはずですが、きっと神様が守ってくださるはず――という信仰あればこその、いのち懸《が》けの覚悟だったのです。

いかにマリアが神にすべてを委《ゆだ》ねても、彼女の婚約者ヨセフがふつうの人であれば、「わたしの妻は、だれかとの婚前交渉で妊娠した」と大騒ぎして、マリアも胎内のイエスも殺されていたはずです。新約聖書はヨセフについて「彼は正しい人であったので、マリアをそれとなく遠ざけようとした」と伝えます。つまり、マリアが結婚前に妊娠したことを知って大騒ぎするのではなく、ひっそりと彼女を去らせようとした、ということです。そうなった場合も、やはりマリアは処刑されていたはずですが、ヨセフは少なくとも、自分の告発で婚約者マリアを死なせたくはなかった、ということです。

ヨセフの夢にも天使が現れ、「マリアが宿しているのは聖霊によって身ごもった神の子です。あなたが母子を守るのです」と命じ、ヨセフは、そのお告げを信じました。

たとえ夢に天使が出てきても、ヨセフのように素直に信じられない人も多いでしょう。ヨセフが天使のお告げを信じられたのは、救世主の預言《よげん》も関係しています。キリスト教の旧約聖書（ユダヤ教の聖書）には、「人類を救う救世主はダビデの子孫から誕生し、処女から生まれる」という預言が記されています。ダビデというのは、イスラエル王国を隆盛に導いた国王で、旧約聖書では最大の英雄です（聖書に出てくる主要な物語をダイジェストで知りたい方は拙著『どろどろの聖書』をご参照ください）。新約聖書にはヨセフの系図がふたつあり、マリアもヨセフもダビデの子孫の家系である事実が示されています（ヨセフの先祖としてふたつ系統が示されているのは、ひとつは妻マリアの家系だからです）。

聖書の預言通り、救世主イエスはダビデの子孫として誕生しました。

　カトリック教会や東方正教会では、マリアを「神の母」と呼び、尊崇しています。筆者は初めて「神の母」という称号を知った時、そのインパクトに驚きました。マリアが宿したイエスが神そのものであるなら、彼女は、ひとりの人間でありながら、確かに「天地を創造した全能の神の母」となるのです（この考え方はプロテスタント教会では否定されていますし、ノン・クリスチャンの方も受け容れにくいかもしれません）。

　新約聖書には「イエスの兄弟」とされる人物が何人か出てくるため、マリアは聖霊によって宿した子イエスを産んだのち、ヨセフと通常の夫婦関係で何人もの子を儲け、それによって聖性を喪《うしな》ったとプロテスタント教会は考えます。それに対し、「兄弟」と訳される原語は「親戚」も示せることから、カトリック教会や東方正教会ではマリアは生涯処女を貫いたと考えます。また、イエスが30歳になった頃にヨセフは既に亡くなっていたと考えられることから、マリアと結婚した時点でヨセフは高齢であり、前妻とのあいだに連れ子がいて、それが「イエスの兄弟」だったと記している初期キリスト教文書もあります（その信憑《しんぴょうせい》性については意見の分かれるところですが）。

いずれにしても、マリアが処女かそうでないかで2000年も議論が続いているということこそ、人間社会の「どろどろ」の最たるものだと言えるかもしれません。マリアの聖性を否定するプロテスタント教会と対照的に、カトリック教会や東方正教会では、「神の母＝聖マリア」を、すべての聖人の頂点に位置づけています。カトリック教会では毎週のミサの冒頭で「聖母マリア、すべての天使と聖人、そして兄弟姉妹の皆さん。罪深いわたしのために、神に祈ってください」という回心の祈りをします。カトリック教会においては、聖母マリアは、天使たちより上位に置かれているのです。

マリアの夫ヨセフと、マリアの両親も、聖人に認定されています。

大虐殺《だいぎゃくさつ》を招いた人騒がせな三賢者も聖人に

イエス・キリストが誕生した頃、聖母マリアや夫ヨセフたちユダヤ人が暮らすパレスチナ地方を治《おさ》めていたのは、ヘロデ大王という人物でした。ヘロデ大王は、権謀術数を駆使してローマ帝国から「ユダヤの王」として統治権を承認されていた、地方領主です。そんなヘロデ大王を、ある日、東方から占星術《せんせいじゅつ》の学者たちが訪ねてきました。

「ユダヤの王となるべくお生まれになった救世主は、どこにおられますか。わたしたちは東方でその星を見て拝みに来たのです」

ヘロデ大王は慌てました。せっかく陰謀の限りを尽くして「ユダヤの王」にまで昇りつめたのに、大昔から登場が預言されていた「ユダヤの王となるべく生まれる救世主」が出現したら、彼自身は地位を失うことになってしまうからです。

ユダヤ教の聖書（キリスト教の旧約聖書）に「救世主はベツレヘムで生まれる」と書かれていると知り、その町を目ざして旅立つ学者たちに、ヘロデ大王は言いました。

「その子を見つけたら知らせてくれ。わたしも拝みに行きたい」

学者たちはベツレヘムの地で、誕生して間もないイエス・キリストと対面し、黄金と、乳香《にゅうこう》（香料）、没薬《もつやく》（鎮痛薬）を贈りました。新約聖書には学者たちの人数は明記されていませんが、贈り物が3つだったことから、学者たちは3人いたのではないかと、のちに言われるようになりました。彼らを示す原語は「賢者」「博士」「王」とも訳せるので、「東方の三賢者」「三博士」「三王」などと呼ばれることもあります。

天使が「ヘロデ大王のところへ帰ってはならない」と告げ、彼らは別ルートで帰国しました。これにより、ヘロデ大王がベツレヘムの幼児を虐殺する悲劇が発生します。学者たちの存在は伝説的で、3人という数も根拠はないのですが、のちに、この3人にはカスパール、メルキオール、バルタザールという名が与えられ、出身地はヨーロッパ、アジア、アフリカの地域で、年齢は老人、中年、若者の男性で、バルタザールは若い黒人男性だったという、もっともらしいキャラ設定まで誕生し、絵画にも描かれています。しかも、彼らはイエスの弟子トマスから洗礼を受けてクリスチャンとなり、のちに司教になったとされ、死後は聖人として崇敬され、その聖遺物は今もドイツのケルン大聖堂に保管されています。まえがきでご紹介した聖クリストフォロスが人気となる前は、この三賢者が「旅人の守護聖人」として特に崇敬されていました。

実在も人数も定かではない人たちに、それらしいキャラ設定が加わって伝説の中で人々に愛されるという、初期の聖人伝に見られるパターンです。

なんの非もなく虐殺された最年少の聖人たち

東方からやって来た占星術の学者たちが、「ユダヤの王となるべくお生まれになった救世主は、どこにおられますか」と聖書の預言に言及したことは、ヘロデ大王を大いに警戒させました。策謀で政敵たちを蹴落として「ユダヤの王」となったこの人物にとって、自分の地位を脅《おびや》かす者を看過《かんか》することはできなかったのです。ヘロデ大王は他人を騙《だま》して成り上がったので、猜疑心《さいぎしん》の塊でした。彼は妻や息子さえも根拠の乏《とぼ》しい謀反《むほん》の容疑で処刑したほどで、大昔から「ユダヤの王」となることが預言されている救世主の誕生を歓迎したはずがありません。ヘロデ大王が学者たちに「その子を見つけたら知らせてくれ」と言ったのは、拝むためではなく、禍根《かこん》を断つためだったのです。

ところが、学者たちは天使のお告げにより、ヘロデ大王のところへは戻らなかったので、狂気に支配された「ユダヤの王」は、すぐさま冷血《れいけつ》な命令を下します。

「ベツレヘムとその近郊にいる2歳以下の幼児を、ひとり残らず殺害せよ！」

狂王のこの命令は断行され、該当する地域と年齢の幼児は全員虐殺されました（当時2歳未満の幼児だったイエスと聖母マリア、夫ヨセフは天使のお告げでエジプトに避難していたので無事でした）。救世主の代わりに犠牲となった幼児たちは、正確な人数も個々の名前もわからないのですが、全員をひとくくりにして「幼子《おさなご》殉教者《じゅんきょうしゃ》（英語名ホーリー・

イノセンツ）」という聖人名で今も崇敬されています。

キリスト教に限らず、あらゆる宗教を否定する無神論者の方たちが、「神がいるなら、この世に理不尽な苦しみや、なにも非のない人たちの犠牲などあるわけがない」という主張をすることは大昔からありました。しかし、聖書には「神は善人にも悪人にも平等に雨を降らす」という内容の聖句があります。もし仮に人間に神の思惑《おもわく》がすべて理解できるなら、神は人間以下の存在になります。どうしてそういうことが起きるかわからない部分こそ、神が人間を超えている存在である証明だ、といった考え方もあります。

現代社会においても、なんの罪もない無垢《むく》な幼児が事故や事件で亡くなってしまう悲劇は多くあります。そうした際、無神論者のように「この世に神はいない。悲惨な死に方をした者は運が悪かっただけだ」と考えては、本当になんの救いもありません。ですが、「悲劇の最期を迎えた幼児たちにも神様から託された役割があり、彼らは選ばれた存在だったからこそ、この汚れた世界から天国にいち早く救済された」と考えることは、「なんの意味もない無駄死にだった」と考えるより救いがあるように思えます。

ベツレヘムの「幼子殉教者」が旧約聖書で大昔から預言されていたことも、それが人知を超えた神の計画の一部であったと考えられている理由のひとつです。全能の神は、もちろん、ベツレヘムの幼児たちを救うことも、ヘロデ大王に権力を与えないこともできたでしょう。神があえてその悲劇を見逃した理由は人間の理解を超えていますが、なにかの悲劇を根拠に、神の存在を否定することはできません。最年少の聖人「幼子殉教者」は、神の計画の深さと底知れなさを、われわれに感じさせてくれます。

狂王の大虐殺から幼児を守って消された祭司

イエス・キリストが誕生した時代、エルサレムにはヘロデ大王が建設した巨大な神殿がありました（今も遺る「嘆きの壁」は、この「ヘロデ神殿」の西壁の残骸《ざんがい》です）。ユダヤ教が信じる天地を創造した唯一神を祀《まつ》るこの神殿では、ユダヤ人の祭司の一族が当番制で奉仕をしていました。ある時、ザカリアという名の年老いた祭司が神殿内の聖なる場所でひとりで奉仕をしていると、天使ガブリエルが現れ、彼に告げました。

「ザカリアよ、あなたの長年の願いは主《しゅ》（神）に聞き入れられました。あなたの妻エリサベトは、男の子を産みます。その子を『ヨハネ』と名づけなさい。その子は、イスラエルの民（ユダヤ人）を主のもとに立ち返らせるべく、道を整える働きをします」

しかし、ザカリアは、天使ガブリエルの言葉を信じませんでした。

「わたしたち夫婦は既に高齢です。どうしてそのようなことが信じられましょう」

「そうですか。それでは、この預言が成就し、その通りのことが起きるまで、あなたは声を出せなくなります。神の使いである、わたしの言葉を信じなかったからです」

天使は消え、ザカリアは、いっさい声を出せなくなりました。本人は慌てましたが、祭司の仲間たちは、神の奇跡が彼に現れたことを知り、ザカリアを祝福します。

その後、天使の預言通り、エリサベトは高齢でありながら子を身ごもりました。エリサベトは実は聖母マリアの従姉で、エリサベトがザカリアの子を妊娠したのは、マリアが聖霊の力でイエスを宿す約半年前でした。聖母マリアはイエスを宿したあと、身重《みおも》の従姉を訪ね、数か月間、ともに過ごしました。聖母マリアと対面した時、エリサベトの胎内で子は喜び踊りました。のちに「洗礼者ヨハネ」と呼ばれるその子は、胎内にいる時から救世主イエスを認識していたのです。聖母マリアによるエリサベト訪問（「聖母の訪問」）や、幼児イエスと洗礼者ヨハネは、多くの絵画の題材となっています。

息子が誕生した際、父ザカリアは板に「この子の名はヨハネ」と書きました。天使の預言を成就するその行動により、ザカリアは、ふたたび声が出せるようになります。

キリスト教の正典である新約聖書に記されているザカリアの物語はそこまでですが、正典に含まれなかったものの、2世紀に外典として広く読まれていた「ヤコブの原福音書《げんふくいんしょ》」では、その後に祭司ザカリアが辿った悲劇が記されています。

ヘロデ大王がベツレヘムとその近郊の2歳以下の幼児を大虐殺した際、神殿のあるエルサレムも対象地域に含まれました。祭司ザカリアの子ヨハネは、天使のお告げによって生まれた奇跡の子として知られていたので、「彼こそが大昔から登場の預言されている救世主ではないか」と、誕生の時から周囲の噂になっていました。当然のごとく、ヘロデ大王の兵士が祭司ザカリアのところにやって来て、「息子を出せ」と脅《おど》しました。天使の助けで妻エリサベトと子ヨハネは既に逃げ出していたので、ザカリアは「わたしはずっと神殿に仕《つか》えているので知りません」と答えたところ、彼は夜明け頃に神殿内で惨殺《ざんさつ》されました。このエピソードは正典には含まれていないものの、新約聖書に出てくる「神殿で殉教したザカリア」は、この事件のことだと指摘する学者もいます。

洗礼者ヨハネは、イエス・キリストの半年前に生まれたわけですから、彼も「幼子殉教者」のひとりとなっていた可能性はありました。ですが、彼には、のちに果たすべき大きな役割があったので、その時には殺されずに済んだのです。洗礼者ヨハネと、彼の両親であるザカリアとエリサベトも聖人に認定されています。

偉大な預言者を謀殺した親子の悲惨な最期

洗礼者ヨハネは成人すると、パレスチナ地方に多く見られる不毛《ふもう》な荒れ野で、イナゴと野蜜《のみつ》だけを食べて生活していました。聖書に出てくる預言者たちのような、そのストイックな生きざまで洗礼者ヨハネの存在は広く知られるようになります。

「彼こそは、（旧約）聖書で登場が預言されている救世主に違いない！」

救世主を待ち続けてきたユダヤ人たちにとって、ヨハネは大きな希望でした。熱烈に支持されたヨハネは、ヨルダン川で人々に「悔《く》い改めなさい」と呼びかけ、川に身を浸《ひた》すことで過去に犯した罪を洗い流して生まれ変わる洗礼を受けさせていました。

「わたしは、救世主様のために道を整える存在にすぎない。わたしは、あなたがたに水で洗礼を授けるが、救世主様は、あなたたちに聖霊（と火）で洗礼を授けてくださる」

そんなヨハネの前にイエスが姿を現すと、彼は、自分より半年後に生まれたその縁者《えんじゃ》を見て心が満たされたように微笑し、その場に居合わせた弟子たちに告げました。

「見よ、あの御方こそ、世の罪を取り除く神の子羊――救世主様だ」

ヨハネはイエスから洗礼を受けることを希望しましたが、逆に、イエスの希望でヨハネが彼に洗礼を授けることになりました。イエスがあえて洗礼を受けたことで、この儀式は、のちに誕生するキリスト教で重要な意味を持つことになります。そして、イエスに洗礼を授けたという逸話から、このヨハネは常に「洗礼者ヨハネ」と呼ばれ、ほかに何人もいるヨハネという名の聖人たちから明確に区別されています。

洗礼者ヨハネがイエスと再会したこの頃、救世主を抹殺するために幼児を大量虐殺したヘロデ大王は既に死に、息子のヘロデ・アンティパスが領主となっていました。ヘロデ・アンティパスが兄弟の妻だったヘロディアを不倫の末に妻に迎えると、洗礼者ヨハネは「ユダヤ教の律法に違反する罪深い行為だ」と批判します。ヘロデ・アンティパスとヘロディアは目ざわりな洗礼者ヨハネを処刑したかったのですが、絶大な人気を誇る彼を殺すことで暴動が起きるのを恐れ、捕らえて牢に監禁するにとどめていました。

地方の有力者たちが集まった盛大な宴の席で、ヘロディアの娘で美しい踊り子のサロメが見事な舞いを披露すると、ヘロデ・アンティパスは気を良くして、「サロメよ、お前のほしいものをなんでも与えよう。たとえ、それがこの国の半分でも」と、呼びかけます。この家族のあいだでは、あらかじめそういう段取りになっていたのか、ヘロディアの入れ知恵でサロメが「それでは、洗礼者ヨハネの首をください」と懇願《こんがん》したことで、救世主に洗礼を授けた偉大な預言者は斬首《ざんしゅ》されてしまいました。

カトリック教会の聖人たちは通常、帰天した日が「天国で聖人として生まれた日」として記念日になりますが、誕生日が記念日になっている聖人がふたりだけいて、それは聖母マリア（9月8日）と洗礼者ヨハネ（6月24日）です。このふたりは例外的に、胎内にいた時から清かったと考えられているため、誕生日が記念日となっています。

イエス・キリストの生誕を祝うクリスマスが12月25日になったのは古代宗教の影響であり、それを理由にキリスト教を批判する人は大昔から存在しましたが、12月25日は「イエス・キリストの生誕を祝う日」として後世に会議で決められた日なので、本当にその日に生まれたかどうかは重要ではありません。イエスの誕生日が冬至《とうじ》の頃に設定されたのと同じ理由で、洗礼者ヨハネの誕生日は夏至《げし》の頃と決められました。後世に決められた日であるのは事実ですが、全能の神であれば、後世にそのようになることを知り、あらかじめその日に生まれることは、難しくなかったかもしれません。

洗礼者ヨハネについての新約聖書の記述は、彼が斬首されたところで終わっていますが、初期キリスト教文書や伝承は、彼を余興で殺したヘロデ・アンティパス、ヘロディア、サロメ一家がその後に受けた報《むく》いについても伝えています。

似たような名前ばかりで紛らわしいのですが、当時、ヘロディアの兄弟であるヘロデ・アグリッパという男がいました。彼は金遣《かねづか》いが荒く、生活に困窮《こんきゅう》していたのですが、姉妹ヘロディアの取り次ぎで、ヘロデ・アンティパスから経済的支援を受けていました。そのことで恩着せがましい発言をしたヘロデ・アンティパスを憎悪したヘロデ・アグリッパは、その後、ローマ帝国の皇帝に取り入って「ユダヤの王」の称号を与えられます。さらに、ヘロデ・アグリッパは「ヘロデ・アンティパスは、陛下への謀反を企《くわだ》てています」というデタラメを皇帝に信じ込ませます。現代社会にもありそうな話です。

皇帝はこの狡猾《こうかつ》な野心家の讒言《ざんげん》を信じ、ヘロデ・アンティパスは、かつて食客として面倒を見た男の陰謀により、現在のスペインではリェイダという名で知られる土地へ、流刑にされます。皇帝は、ヘロデ・アグリッパの姉妹であるヘロディアは罪に問いませんでしたが、ヘロディアは娘サロメを連れて流罪となった夫に付き従い、その流刑地で惨《みじ》めな最期を遂げました。毒母の入れ知恵だったとは言え、洗礼者ヨハネの斬首を求めた娘サロメは、凍結したセグレ川の上を楽しく歩いていた時に、氷が割れて水に落ち、その鋭利な破片で首が切れて亡くなった、という伝承も遺されています。

死後の世界に絶望し笑えなくなった奇跡の男

エルサレムの近くに、ベタニアと呼ばれる町があり、そこにはイエス・キリストが特に親しくしていた、マルタ、マリア、ラザロという3姉弟がいました。マルタとマリアは女性で、ラザロは男性です。ある時、ラザロが病気で倒れ、助けを求められたイエスは、わざと到着を遅らせて、ラザロの死の4日後に到着しました。当時のユダヤ教社会では、死後3日くらいはまだ蘇生《そせい》する可能性があるものの、4日目になると遺体の腐敗が始まり、蘇生の希望はなくなると考えられていました。イエスは、ラザロが完全に死んだ状態から蘇生させることで、神の奇跡の力を示そうとしたのです。

多くの見物人が見守る中、岩をくり抜いてつくられた墓にイエスが「ラザロよ、出てきなさい」と呼びかけると、亜麻布《あまぬの》に包まれて埋葬《まいそう》された時の姿のままのラザロが墓から自分で出てきました。イエスは、それまでにも死んで間もない者を蘇生させたことがありましたが、死後4日が経過し腐敗しつつあったラザロの蘇生は目撃者が多かったので、たちまちユダヤ教社会に広がり、「ナザレのイエスこそが救世主だ！　大昔から聖書で預言されていた救世主が、ついに現れた！」と、人々の大きな話題になります。

ユダヤ教社会の指導者である大祭司や律法学者たち既得権益層は「これ以上、あの男（＝イエス）を野放しにしては、皆が奴を信じ、われわれは地位を失う」と焦ります。個人的な保身だけでなく、イエスが大衆を扇動《せんどう》することでローマ帝国からユダヤ人全体が弾圧されることも恐れた大祭司たちは、イエス殺害を決意します。イエスがラザロを蘇生させたことは、彼が救世主として人々に認められる決定打となったのですが、同時に、彼が十字架につけられる直接的な原因にもなったのです。

イエスが救世主としての名声を確立したのと同時に、死から蘇生したラザロも一躍《いちやく》、有名人となりました。人々は彼の話を聞くために集まり、その人気ゆえに大祭司や律法学者たちはラザロの殺害も合わせて計画していたことを新約聖書は伝えています。

それ以後のラザロの人生は聖書には記されていませんが、東方正教会の伝承では、大祭司たちからいのちをねらわれたラザロは故郷を離れ、地中海のキプロス島の教会で初代司教を30年務めたあと、その地で亡くなったとされます。その伝承によると、ラザロはイエスによって蘇生されるまでの4日間に死後の世界で救われずにさまよっている多くの魂を見て絶望し、以後は死ぬまで決して笑うことはなかったそうです。

一方、カトリック教会の伝承では、ラザロはパレスチナ地方を脱出したあと、姉妹のマルタとマリアとともにフランスのマルセイユに船で辿りつき、その地で初代司教となったものの、ローマ帝国によるキリスト教弾圧下で斬首され殉教したと伝えられます。

それぞれの伝承はまったく内容が異なりますので、片方——あるいは、両方とも事実ではないのかもしれません。すべてが後世につくられたフィクションだとしても、ひとつ言えるのは、たとえ事実がどうであれ、ラザロは、逃げ延びた先で初代司教となったと考えられるくらい、キリスト教史の重要人物だった、ということです。

現代社会において、心肺停止した患者が自動的に蘇生することを「ラザロ症候群」と呼び、脳死した患者が手足を動かすことを「ラザロ徴候《ちょうこう》」と呼ぶのは、イエスによって死から蘇生された、このラザロのエピソードに由来します。

実在しない女性が悪の総督《そうとく》を獄死させた話

死後4日が経過していたラザロを蘇生させ、救世主としての評判を確立したイエスでしたが、そのことがユダヤ教の既得権益層を決定的に刺激し、危険視されました。大祭司と律法学者たちは「イエスは神を冒瀆《ぼうとく》し、大衆を扇動しているので処刑してほしい」と、ローマ帝国から派遣されている総督ポンティオ・ピラトに申し出ます。ユダヤ教の利権とまったく関係ないピラトは、イエスになんの罪も見出せず、彼を処刑することには一貫して消極的でした。ところが大祭司たちに扇動された大衆が「イエスを十字架につけろ！」と暴動を起こしそうな勢いで彼の宮殿に詰めかけたので、ピラトは、イエスをムチ打ちしたのち十字架刑に処すように、ついに命令を下しました。

39回ムチ打ちされて血まみれになったイエスは、兵士たちの戯《たわむ》れで荊《いばら》の冠《かんむり》をかぶらされ、重い十字架（の横木部分）を背負って、ゴルゴタの丘にある刑場まで弱々しい足取りで歩きました。その最中に、倒れたイエスに顔をぬぐうヴェールを差し出した女性がいた、という話は新約聖書には記されていませんが、4世紀頃にまとまった外典「ニコデモの福音書」では、十字架の道行きの途上でイエスの顔をぬぐったヴェロニカという女性がいて、その布にはイエスの顔が綺麗に写し出されたと記されています。このエピソードは、カトリック教会と東方正教会では現代まで人気があります。

ただし、後年の学者の研究では、このヴェロニカという女性は、そもそも実在しなかったのではないか、と指摘する声もあります。というのは、イエスの姿を描いた絵は元々、「真の姿」を意味するラテン語「ヴェラ・イコン」と呼ばれており、伝承の過程で情報が誤認され、イエスの「ヴェラ・イコン」が「ヴェロニカという女性のヴェールに写し出されたイエス」という伝説になった、とも考えられるからです。

イエスの顔が写し出されたとされるヴェールは「ヴェロニカの聖骸布《せいがいふ》」と呼ばれ、布にイエスの姿を描いたもの全般がヴェロニカと呼ばれるようになりました。16世紀にキリスト教が日本に伝わった際、日本人キリシタンたちがこの「ヴェロニカ」の切れ端を熱烈に欲したことを、宣教師ルイス・フロイスが書き遺しています。

そのように、実在すら疑われるヴェロニカですが、その人気ゆえにか、彼女の武勇伝も生まれました。13世紀のカトリック司教ヤコブス・デ・ウォラギネが膨大な聖人伝をまとめた著書「黄金伝説」は、聖書より分厚く、中世には聖書と同じくらい広く読まれていたのですが、その中にヴェロニカの活躍を伝えている箇所があります。

イエスが処刑された時代、重病の床《とこ》に伏していたローマ皇帝ティベリウスは、どんな病気でも治《なお》す「救世主イエス」の噂を聞きつけ、ただちにイエスを探す使者を出しました。その使者と出会ったのがヴェロニカで、彼女はイエスの絵を持参してティベリウスの前に出たところ、皇帝の病は完治。ティベリウスはイエスの奇跡の力に感動し、会うことを願いましたが、その救世主を総督ピラトが処刑済みだと知ると、彼を逮捕し投獄しました。皇帝がピラトに不名誉な死を与えようとしていると知り、この哀れな総督は獄中で自殺しました。つまり、「十字架の道行きでイエスを助けた聖女ヴェロニカが、悪の総督を倒した」という勧善懲悪《かんぜんちょうあく》の物語が生まれていたのです。それが事実かどうかは別として、そのように語り継がれるほど人気の聖人ということです。

処刑されている最中に聖人となった男の大仕事

エルサレムの外れにあるゴルゴタの丘で、イエスは十字架に磔《はりつけ》にされました。それは、西暦30年4月7日金曜日の午前9時のことでした（処刑中に日蝕《にっしょく》があったとの新約聖書の記述から日付を特定できますが、異説もあります）。多くの見物人が見守る中、イエスの両どなりには、ふたりの強盗が十字架に磔にされました。新約聖書には強盗ふたりの名前は記されていませんが、4世紀頃に成立した外典「ニコデモの福音書」には、その強盗ふたりの名前は、ディスマスとゲスマス——と記されています。

十字架刑は、見物人たちから非情な好奇の視線で観察されながら、徐々に自分の体重を支えられなくなった囚人が苦しみながら窒息《ちっそく》して死ぬ残酷な処刑方法です。悪いことをした見せしめ、という意味もありました。ゲスマスは、その名の通りゲスな人物だったのか、となりで十字架につけられているイエスに、汚い言葉を浴びせます。

「なにが救世主だ！　お前が本当に救世主なら、自分と俺たちを救ってみせろ！」

それに対し、反対側の十字架から、ディスマスという強盗がいさめました。

「おい、お前、バカなことを言うな！　俺たちは罪を犯したから、こうして十字架につけられても当然だ。だが、この方を見ろ！　この方は、なにひとつ悪いことをしていない。それどころか、常に民衆のために活動されてきた方だ。俺たちとは違う！」

魂の叫びを吐いたディスマスに、イエスは十字架上で、やさしく微笑みます。

「まことに、あなたに言います。あなたは今日、わたしといっしょに天国に入ります」

本書のまえがきで記したように、聖人たちが崇敬されるのは「諸聖人《しょせいじん》は天国で神様の近くにいて、わたしたちの祈りを執《と》り成《な》してくれる」と信じられているからです。ある人物への祈りで奇跡が起きることが聖人認定の条件となるのは、その人物が天国にいる証明だと見なすためです。ただし、このディスマスの場合は例外で、強盗でありながら帰天する前に彼の天国入りをイエスが確約したことから聖人と認定され、のちに「善良な強盗」という、言葉の上では矛盾《むじゅん》する称号で呼ばれることになります。

キリスト教の考え方では、イエスより前に亡くなっていた義人《ぎじん》（＝正しい人）たちは全員、まだ天国に昇っておらず、日本語では「陰府《よみ》」と訳されるリンボという冥界《めいかい》にとどまっていたと考えられています。「ニコデモの福音書」では、十字架上で亡くなったイエスが陰府に下り、最初の人アダムや民族の父アブラハム、イスラエルのダビデ王から洗礼者ヨハネまで、すべての義人を天国に救済する話が書かれていますが、その時に案内係を務めたのが、なんと、「善良な強盗」ディスマスだったと伝えられています。

もちろん、それはだれにも証明できない、現代人の感覚からすると信憑性《しんぴょうせい》の乏しい物語ですが、そうした物語が人々の人気を集め、連綿《れんめん》と語り継がれてきたのは、「そういう話があったら良いな」という大衆の願望があったからこそでしょう。

それにしても、強盗の罪を犯して処刑されながら、十字架上でイエスから天国行きの確約を得て聖人となり、すべての義人たちの案内係まで務めてしまったディスマス以上に人生を大逆転させた男は、歴史上ほかに見つけられないかもしれません。

なお、ヘロデ大王が幼いイエスの殺害を計画し、天使のお告げで聖母マリアと夫ヨセフとイエスがエジプトへ逃げた途上で強盗に遭遇したが、その中にディスマスがいて助けられた、という伝承もあります。その物語のイエスはディスマスに、「あなたは将来、わたしといっしょにエルサレムで十字架につけられる」と預言したと伝えられます。

救世主を貫いて回心したという兵士の伝説

新約聖書によると、処刑当日――西暦30年4月7日金曜日の午後3時にイエスが十字架上で息絶えると、神殿の巨大な垂れ幕がまっぷたつに裂け、大地を地震が揺さぶり、人々は恐れ、逃げ惑《まど》ったそうです。そんな中、ローマ帝国の百人隊長が「本当に、この人は神の子だった」と発言したことも新約聖書には記されています。後年、この百人隊長は、死を確認するためにイエスの脇腹を槍《やり》で刺した兵士と同一視されるようになり、外典「ニコデモの福音書」ではロンギヌスという名で記されています。ロンギヌスの名前も先述のヴェロニカのケースと似ていて、「槍」という意味のギリシア語「ロンシュ」が、ラテン語に翻訳される時に人名と誤解されたようです。

のちに確立された伝説によると、ロンギヌスは元々は目の病気を抱えていたが、イエスの脇腹を刺した際に飛び散った血が入って目が完治。その奇跡体験以後、復活したイエスを信仰するようになり、カイサリアの町で28年間、熱心に布教活動を続けました。キリスト教が激しく弾圧される中でロンギヌスは捕らえられ、すべての歯を抜かれ、舌を切られてもなお説教を続け、最後には首を斬り落とされて殉教したとのことです。

そうしたロンギヌスの伝説がひとり歩きし、十字架上のイエスを刺した槍は、願いを叶える聖なる力が宿った「聖槍《せいそう》」と見なされるようになります。11世紀、イスラム教から聖地エルサレムをキリスト教が奪還するために第1回十字軍が進軍した際、難所アンティオキアの攻城戦が苦戦していた中、ひとりの兵士がロンギヌスの槍を地中から見つけた熱狂で奇跡の勝利をおさめた、というできごともありました（ただし、この時の槍は戦闘後に偽物であったと聖職者が判断し、発見した兵士は焼き殺されています）。

イエス・キリストを刺した聖槍は1本しか存在しないはずなのですが、これまでに何本もの聖槍が発見されており、そのうちの1本は、カトリック教会の総本山である、ヴァチカン市国のサン・ピエトロ大聖堂に安置されています。

聖杯《せいはい》伝説を生んだ勇気ある男の行動

十字架に磔にされて死んだ罪びとたちの遺体は、十字架から降ろされたあと、見せしめの意味もあり、そのまま近くの地面に捨て置いて鳥や獣に食べさせ、朽《く》ちさせるのが当時の風習でした。ところが、当時のユダヤ教社会で身分の高い地位にあったアリマタヤのヨセフと呼ばれる人物が、総督ポンティオ・ピラトに願い出て、イエスの遺体を埋葬する許可を得ました。アリマタヤのヨセフはイエスの弟子だったのですが、自分の立場もあり、そのことは秘密にしていました。ですから、イエスの埋葬を願い出た際も、「わたしは彼の弟子だから」とは言わず、「彼の立派な最後に感銘を受けたので」などと適当な理由をつけた可能性もありますし、賄賂《わいろ》を渡して便宜《べんぎ》をはかってもらったことも考えられます（そこまでくわしい話は、新約聖書には書かれていませんが）。

アリマタヤのヨセフが所有していた、岩をくり抜いてつくられた新しい墓に、イエスの弟子たちが師の遺体を亜麻布に包んで埋葬しました。そして、墓の入口は大きな岩で塞がれます。イエスは生前、死の2日後に復活することを預言していたので、弟子たちが遺体を盗み出さないように、ローマ帝国の兵士たちが墓の前を警護しました。

イエスの死の2日後――西暦30年4月9日日曜日、イエスの女性弟子の筆頭格だったマグダラのマリアが師の墓を訪れると、兵士たちは眠りこけていました。また、巨大な岩は動かされていて、イエスの遺体は墓の中から消えていました。

以後の40日間、イエスは500人の弟子たちの前に、空間を飛び越えられる「栄光の体」で何度も姿を現し、最後は昇天して消えました。そのさらに10日後——西暦30年5月28日日曜日に、イエスが天から送った不思議な力——聖霊——を注がれた弟子たちが覚醒した「聖霊降臨《こうりん》」によって、キリスト教会の歴史が始まった、とされます。

外典「ニコデモの福音書」によれば、その後、アリマタヤのヨセフが宗教的に異端《いたん》とされ処刑されたイエスの遺体を埋葬したことに激怒したユダヤ教の指導者たちは、ヨセフを投獄しました。しかし、ヨセフは閉じ込められた独房から忽然《こつぜん》と姿を消します。後日、故郷アリマタヤに戻っていることが確認されたヨセフは、「イエス様がわたしを牢から助け出してくださったのです」と手紙に記しました。

仮にアリマタヤのヨセフが申し出ていなくても、イエスの遺体が弟子たちに埋葬されていた可能性はありますが、敵対者たちに盗まれていたことも考えられます。アリマタヤのヨセフが自分の高い地位を利用してイエスを丁重《ていちょう》に埋葬し、その後の復活の準備を整えた功績は大きいです。そのため、初期キリスト教文書にはアリマタヤのヨセフに言及するものが多くあり、12世紀になると、アーサー王の伝説と結びついて、「アリマタヤのヨセフが聖杯の最初の保持者だった」という説が唱えられるようになりました。

新約聖書には記されていませんが、伝承によると、アリマタヤのヨセフはロンギヌスがイエスの遺体を槍で刺した時に飛び散った血を杯で受け、それはあらゆる願いを叶える「聖杯」になった、とされます（「聖杯伝説」）。アリマタヤのヨセフによって聖杯はイギリスにもたらされ、彼が創設したイギリス初のキリスト教会が、のちに最盛期に英国最大規模を誇ったグラストンベリー修道院になった、とも語り継がれています。

第2章

聖人となった救世主イエスの弟子たち

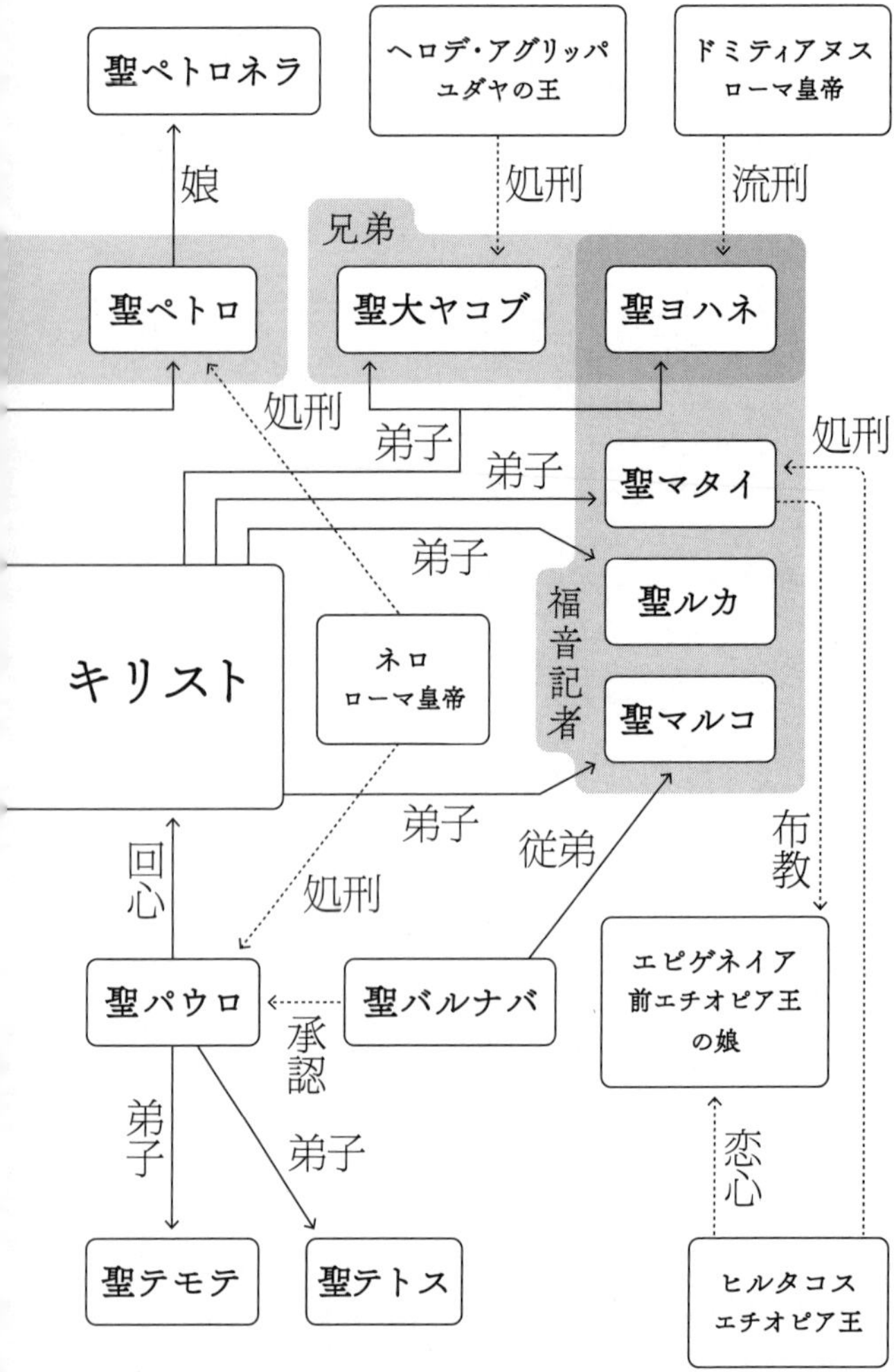
聖ペトロネラ
ヘロデ・アグリッパ
ユダヤの王
ドミティアヌス
ローマ皇帝
娘
処刑
流刑
兄弟
聖ペトロ
聖大ヤコブ
聖ヨハネ
処刑
弟子
処刑
弟子
聖マタイ
弟子
聖ルカ
福音記者
キリスト
ネロ
ローマ皇帝
聖マルコ
弟子
従弟
布教
回心
処刑
エピゲネイア
前エチオピア王
の娘
聖パウロ
聖バルナバ
承認
弟子
弟子
恋心
聖テモテ
聖テトス
ヒルタコス
エチオピア王

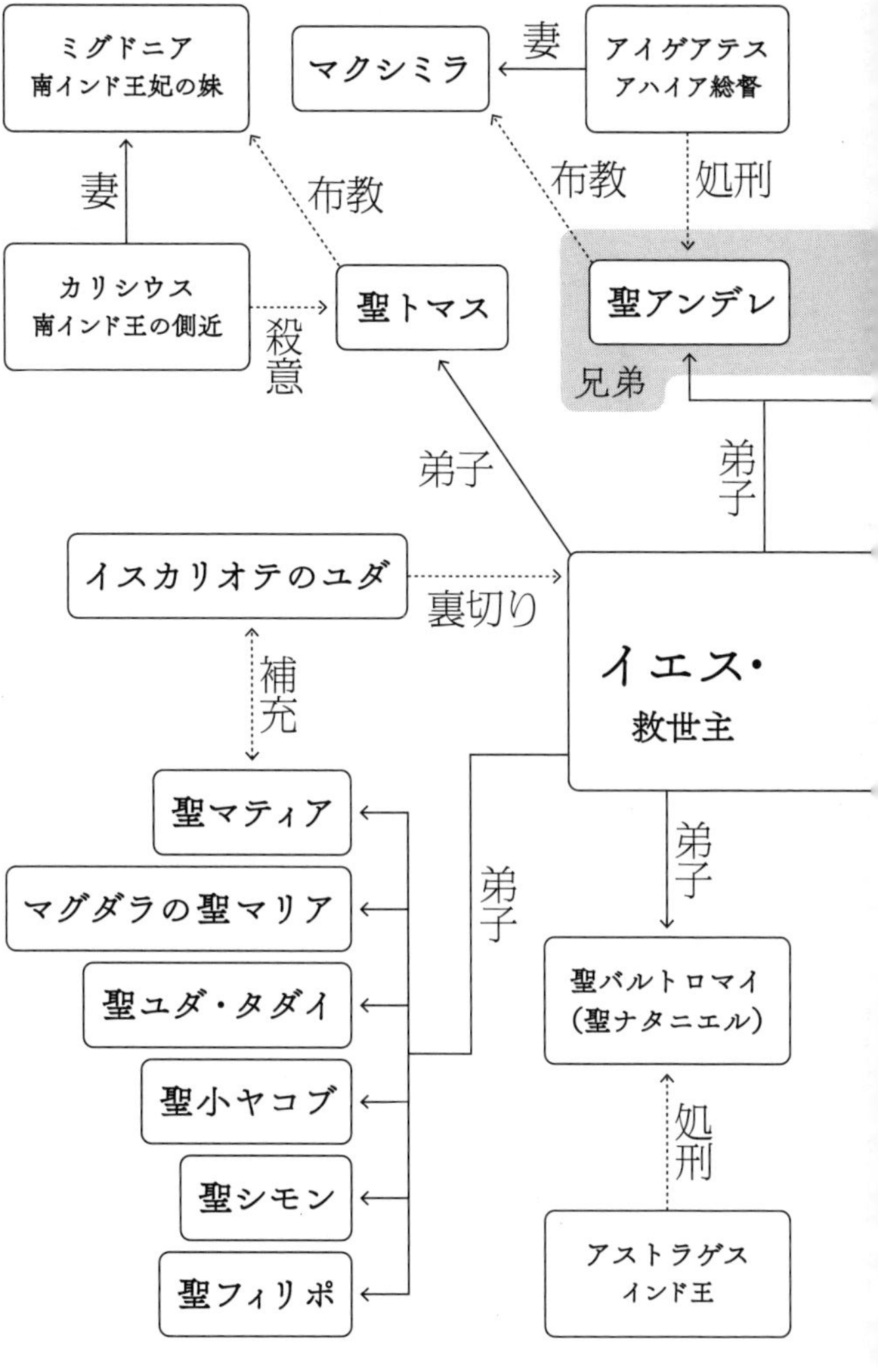

ミグドニア
南インド王妃の妹
マクシミラ
妻
アイゲアテス
アハイア総督
妻
布教
布教
処刑
カリシウス
南インド王の側近
聖トマス
殺意
聖アンデレ
兄弟
弟子
弟子
イスカリオテのユダ
裏切り
補充
イエス・
救世主
聖マティア
マグダラの聖マリア
弟子
弟子
聖ユダ・タダイ
聖バルトロマイ
（聖ナタニエル）
聖小ヤコブ
処刑
聖シモン
聖フィリポ
アストラゲス
インド王

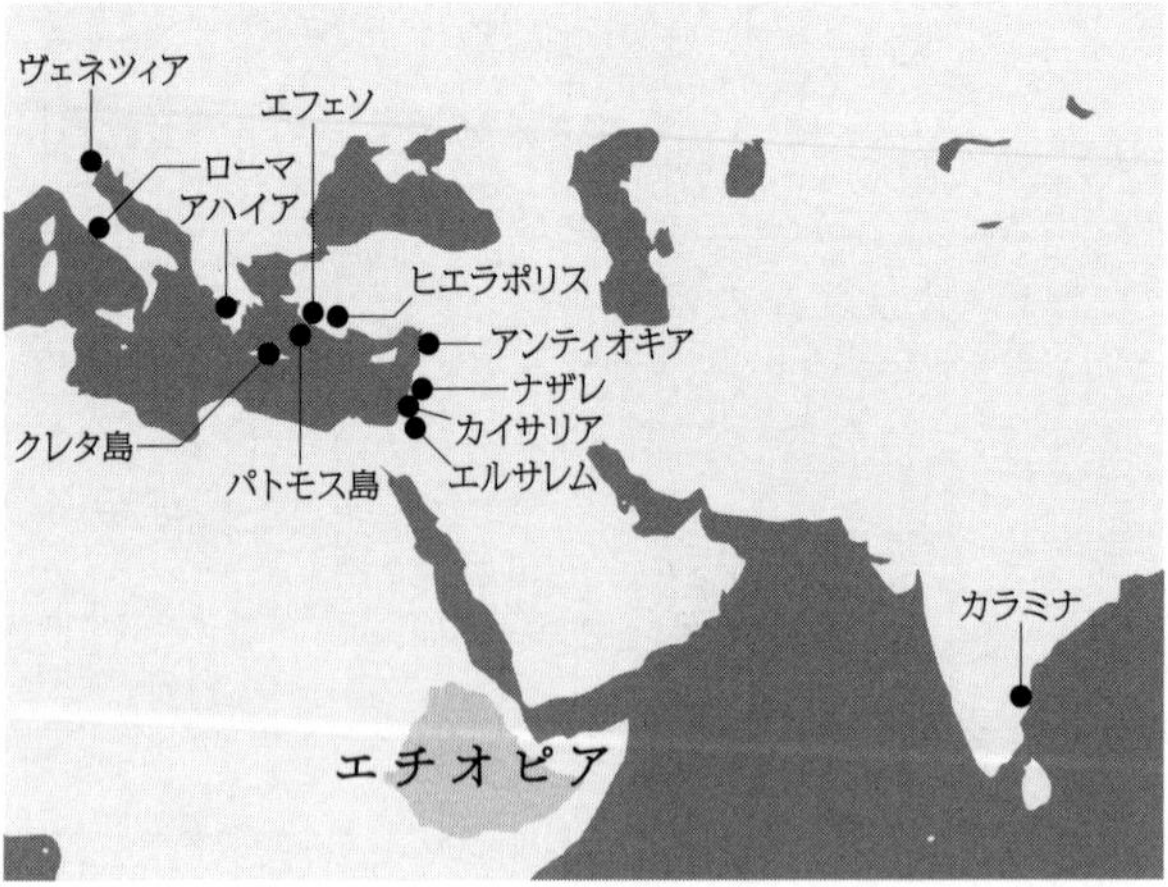
ヴェネツィア
エフェソ
ローマ
アハイア
ヒエラポリス
アンティオキア
ナザレ
カイサリア
クレタ島
エルサレム
パトモス島
カラミナ
エチオピア

死後に伝説がひとり歩きした使徒《しと》最初の殉教者

30歳くらいの年齢で公生涯《こうしょうがい》（3年半続いた宣教活動）をスタートさせたイエスが、最初にスカウトしたのは、洗礼者ヨハネ（43ページ参照）の弟子たちでした。ですが、それは洗礼者ヨハネの弟子たちを選んでスカウトしたわけではなく、イエス出現以前は、ユダヤ人の大多数が洗礼者ヨハネを救世主のように尊崇していたからです。

イエスが最初に声をかけたのは、のちに初代ローマ教皇と見なされるペトロ（ペテロとも表記されます）の兄弟アンデレでした。その次にスカウトしたのは、ヤコブとヨハネの兄弟です。イエスの12使徒にヤコブはふたりいるので、最初に弟子になったほうが「大ヤコブ」、のちに加わったほうが「小ヤコブ」と呼び分けられます。これは体格の大小ではなく、イエスの弟子としての重要度の大小を示しています。

イエスは最初に弟子にしたこの4人——2組の兄弟のうち、ペトロ、大ヤコブ、ヨハネの3人を常に身近に置き、ともに活動していたことが新約聖書に記録されています。ペトロの兄弟アンデレだけがそこに加わっていないことが不自然なので、筆者個人的には、アンデレはペトロの兄で、弟子たちのリーダーとなったペトロを立てる意味で、あえて自分は行動を別にしていたのではないかと考えています。ペトロとアンデレのどちらが兄か聖書には書かれていませんが、大ヤコブとヨハネは常にこの順番で名前が出てきますし、最終的に12使徒の中でいちばん長生きしたヨハネは、イエスの活動時期には若い年齢だったと記されているので、大ヤコブのほうが兄だと思われます。

十字架刑でいったん死んだイエスが3日目に復活し、40日目に昇天したあと、「ナザレのイエス」として知られた師の教えを広める弟子たちは、ユダヤ教の「ナザレ派」として台頭《たいとう》し始めます。ローマ帝国から「ユダヤの王」としてパレチスナの統治を任されていたヘロデ・アグリッパは、ユダヤ教の既得権益層とナザレ派の衝突に注目し、ナザレ派の中心人物であった大ヤコブを逮捕し、斬首しました。西暦44年頃のことです。これは、のちにヨハネを除いて全員が殉教する12使徒の最初の犠牲者でした。

伝承によれば、処刑される数年前、西暦40年前後に大ヤコブは現在のスペインのあたりまで布教の足を延ばしていたと伝えられます。それ自体は、ありえない話ではないですが、彼の伝説がふつうではないのは、エルサレムで斬首された彼の遺体が、スペインに移されたということです。弟子たちが師の遺体を運んだという伝承もあれば、天使たちが運んだという伝説もあります。ともあれ、9世紀に彼の遺体がスペインで発見されると、まだ分裂していなかった当時のキリスト教会で大きな話題となりました。スペインのあるイベリア半島では当時、イスラム勢力と激しく戦闘していたキリスト教陣営を鼓舞《こぶ》したのが、大ヤコブの遺体発見だったのです。それは、十字軍が苦戦していた時に聖槍（56ページ参照）が発見された状況にも似ています。その時に発見された聖槍が偽物と断定されたのは、1回の戦闘を鼓舞して役割を終えたことも関係しているでしょう。大ヤコブの遺体はイスラム勢力と戦争するクリスチャン兵士たちを鼓舞し続けるシンボルだったので偽物であってはならず、既成事実となりました。

ヤコブの英語名はジェームズ、あるいはジェイコブで、スペイン語ではティアゴとなります。大ヤコブの遺体が発見された場所は「聖ヤコブの道」を意味する「サンティアゴ・デ・コンポステーラ」と名づけられ、現在でもエルサレム、ヴァチカンと並ぶカトリック3大聖地のひとつと見なされ、全世界から多くの巡礼者が訪れています。

十字架そのものに恋してしまった救世主最初の弟子

イエス・キリストの「一番弟子」といえば、初代ローマ教皇と見なされるペトロの名が必ず挙がります。「一番（重要な）弟子」の意味でそれは正しいですが、「一番（最初の）弟子」は、ペトロの兄弟アンデレです。イエスの昇天の10日後に起きた「聖霊降臨」のあと、使徒たちは各地に赴《おもむ》き師の教えを広めました。アンデレは特に現在のロシアやウクライナに教えを広めたことから、それらの地域の守護聖人となっています。

その後、アンデレがギリシアのアハイア（アカイアとも表記されます）で宣教していた時、イエスの教えを信じた多くの人々の中に、ローマ帝国の総督アイゲアテスの妻マクシミラもいました。妻の改宗に激怒した総督アイゲアテスは、クリスチャンたちにローマの神々を礼拝するよう強制しました。彼自身が導いたその地のクリスチャンを守るために、アンデレは総督の前に出頭すると、毅然《きぜん》として述べました。

「総督閣下、わたしたちは、偽《いつわ》りの神を礼拝することはできません。イエス様が教えてくださった通り、天地の創造主である唯一の神だけを信じているのです」

アンデレの迷いなき言葉を聞いた総督は、呆《あき》れたように笑い飛ばしました。

「お前たちクリスチャンの崇拝するイエスは、そんな馬鹿げたことを言ったから、十字架に磔にされたのだ。アンデレ——貴様も十字架につけられたいのか?」

アイゲアテスは、いのち乞《ご》いを期待しましたが、アンデレは動じませんでした。

「閣下、十字架を恐れるくらいなら、わたしは、このような話はいたしません。わたしは、十字架の神秘の力を知っているからこそ、その真理をお話ししているのです」

アイゲアテスは「愚か者め!」と怒りで顔を赤くして立ち上がり、21人の兵士にアンデレをムチ打たせ、その後、彼を十字架につけて拷問《ごうもん》するように命じました。

「愚かな夢を見る偽りの聖人よ、貴様の望み通り、十字架の死をくれてやる!」

十字架の立てられた場所までアンデレが兵士たちに連行される際、彼につき従う弟子たちの大群衆は「この正しい人を処刑させてはならない!」と叫びました。ですが、当のアンデレは落ち着きはらい、「皆さん、お願いです。どうかわたしの殉教の邪魔をしないでください」と懇願し、遠くに少しずつ見えてきた十字架へ語りかけました。

「わが主《しゅ》イエス様によって清められた聖なる十字架よ、わたしはずっと、あなたに恋焦《こ》がれ、あなたを愛してきました。あなたとひとつになれる時を、わたしは待ち望んでいました。聖なる十字架よ――今、わたしの胸は、このしあわせに高鳴っています」

アンデレは、イエスが磔にされた十字架に恋していたはずなのですが、後年、彼がつけられたのはXの形をした十字架だったという伝承が生まれ、それは「アンデレ十字」と呼ばれるようになりました。キリスト教の絵画でXの形をした十字架――X字架に磔にされている人物がいたら、それはイエスの最初の弟子アンデレです。

こうして磔にされたアンデレは、十字架の上で2日間、彼を取り巻く数万人の大群衆に教えを語り続けたと言います。アンデレに心酔《しんすい》する弟子たちは、なんとか師を奪還すべく暴動を起こそうとしましたが、アンデレ自身からそれを制されます。

「愛する兄弟姉妹の皆さん。あなたたちがわたしを十字架から降ろそうとしてくださっているなら、それには及びません。わたしは、生きて十字架から降りることはありません。わが主《しゅ》イエス様、どうか今こそ、わたしの魂を受け入れてください――」

アンデレが祈り終えて力尽きると、天から一条の光が射して彼を照らし、この聖人の魂は肉体から解放されました。総督の妻マクシミラは、夫の制止も聞かずアンデレの遺体を十字架から降ろさせ、丁重に埋葬しました。気分を害した総督アイゲアテスは、妻を残し、ひとりで邸宅に戻る途中で悪霊《あくれい》に憑《つ》かれ、群衆の中で狂い死にました。

妻の殉教を喜びマニアックな磔刑《たっけい》を望んだカリスマ

兄弟アンデレに続いてイエスの弟子となったペトロは、同時期に弟子入りした大ヤコブとヨハネの兄弟とともに、常に師の活動につき従いました。ペトロが使徒たちのリーダーとなり、のちに、初代ローマ教皇と見なされるようになったのは、十字架に磔にされる前のイエスから直接、キリスト教会を託されたのが彼だったからです。

ペトロの本名はシモンですが、彼が弟子入りしてすぐに、イエスは彼に「岩」を意味する「ペトロ」という名前を与えました。ある時、イエスは弟子たちに「あなたは、わたしをだれだと思う?」と尋ねました。それにペトロが「イエス様、あなたは生ける神の子、救世主です」と答えると、イエスは彼にうなずきました。

「ペトロよ、あなたにそれを語らせたのは、天の『父なる神』である。わたしは、この岩(=ペトロ)の上に教会を立て、あなたに天国の鍵を与える。あなたが地上で結ぶ関係は天国でも結ばれ、解いた関係は天国でも解かれる」

全幅《ぜんぷく》の信頼を寄せられたペトロは、イエスに「あなたが死なれる時は、われわれも運命をともにします」と誓っていました。ですが、イエスがローマ帝国の兵士たちに捕らえられると、ペトロは他の使徒たちといっしょに全速力で逃げました。しかも、近くにいた人から「お前はイエスの弟子だろう?」と見咎《みとが》められた際には、「そんな男を知っていたら呪《のろ》われても良いが、知らないものは知らん!」と3回も師を否定しました。

死から復活したイエスは、ペトロと再会した時、「あなたは、わたしを愛するか?」と3回尋ねました。ペトロが「愛します」と3回答えたことが3度の否認の埋め合わせとなり、彼は師から「わたしの羊たちを導きなさい」と後進の指導を託されます。

そんなペトロは「聖霊降臨」のあとは、別人のように毅然《きぜん》としたリーダーとなり、初代教会を率《ひき》いるようになりました。それまで彼が恐れていたユダヤ教の既得権益層に対しても、怯《ひる》まず立ち向かいました。記録が書かれる時に美化されたのだろう、という印象を持たれる方がいても当然ですが、初代教会の記録「使徒言行録《しとげんこうろく》」を書き遺したルカの手による「ルカの福音書」では、ペトロの情けなさや頼りなさをきちんと描いています。師を頼れない環境に置かれたことで、ペトロは実際に変わったのでしょう。

そんなペトロは、絶対的に君臨していたリーダーというわけではなく、エルサレム教会の初代司教となった義人ヤコブ（「主《しゅ》の兄弟ヤコブ」とも呼ばれ、12使徒の大ヤコブや小ヤコブとは別人）や、異邦人《いほうじん》（＝ユダヤ教ではない人々）にキリスト教を広めたパウロに対しては配慮して歩み寄っていた様子も「使徒言行録」からは窺《うかが》えます。

現在、カトリック教会の聖職者は妻帯《さいたい》が禁じられていますが、ゆるされていた時代も長く、ペトロはイエスの弟子となる以前に結婚していたこと（ペトロの姑《しゅうとめ》をイエスが癒《いや》す話）が、新約聖書にも記されています。ペトロの娘としてペトロネラも聖人に認定されていますが、ペトロネラは名前が似ているだけでペトロと関係ないとする説もあります。ペトロの妻については、名前さえわからず、ほとんど情報がないのですが、カイサリアの司教エウセビオスが書き遺した初代教会の重要資料「教会史」によれば、妻が逮捕されて処刑されることになった際、ペトロは「わが妻は、これで天国に行ける！」と大喜びしたそうです。ペトロは処刑場に向かう妻に、こう叫んだと言います。

「わが妻よ、処刑されるあいだ、主《しゅ》イエス様のことを片時も忘れてはならんぞ！」

ペトロ自身も殉教を望んでいましたが、皇帝ネロが彼を処刑しようとした際、弟子たちに懇願され、最初はローマを脱出しようとします。ところが、街を出ようとしたところ、イエス・キリストが彼の前から歩いてきました。呆然《ぼうぜん》とする自分の横を通り過ぎる師に、ペトロは「イエス様、どちらへ行かれるのですか？」と問いかけました。

「わたしは、ローマへ行くのだ。もう一度、十字架につけられるために——」

ペトロが「では、わたしもあなたといっしょに戻り、十字架につけられます」と告げると、イエスはふり向いてやさしくうなずき、ふたたび天に昇って消えました。

自分が殉教する時期が来たことを確信したペトロはローマに戻って逮捕され、「わが師と同じ方法で殺されるのは不遜《ふそん》である」と語り、上下を逆さまにした十字架に磔にされて殉教しました。ペトロが処刑された場所に墓がつくられ、のちに、その上に建てられたのが、現在のヴァチカン市国のサン・ピエトロ（聖ペトロ）大聖堂です。

信仰を貫いた末に異端者《いたんしゃ》から祭り上げられた双子

イエス・キリストが死から復活して間もない頃、イエスを裏切ったのちに自殺をしたイスカリオテのユダを除く11人の使徒のうち、所用で席を外していたトマス以外の10人がそろっている室内に、イエスが空間を飛び越えて出現したことがありました。戻ったあとにその話を聞いたトマスは、自分だけ目撃できなかった悔しさもあったのか、仲間たちの証言を信じようとしませんでした。それゆえに「疑いのトマス」という不名誉な称号まで生まれたのですが、その次はトマスも含めた11使徒が全員そろっている時にイエスがふたたび出現し、トマスは感激のあまり泣き崩れて「わが神、わが主《しゅ》よ」と師にすがりつきました。そんなトマスに、イエスは、やさしく語りかけました。

「トマスよ、あなたは見たから信じたのか？　見ずに信じる者は幸《さいわ》いである」

新約聖書には「デドモとも呼ばれるトマス」と記されていて、「デドモ」は「双子」という意味なので、トマスには双子の兄弟がいたか、あるいは、イエスと双子に見えるほど似ていたのではないか、という説もあります。安っぽい推理小説なら、トマスの双子の兄弟はイエスに似ていたので代わりに磔になった、という説を唱えそうですが、その解釈では、ほかの事件にまったく説明がつけられないので、ありえない仮定です。

自殺したイスカリオテのユダの代わりに使徒に選ばれたマティアも含めて、12使徒は各地で宣教し始めました。カイサリアで活動していたトマスの前にはイエスが出現し、「インドへ行きなさい。そこであなたに殉教の栄冠を与えます」と告げました。

トマスはインドで布教を始め、多くの民衆にイエスの教えを信じさせましたが、これに激怒したインド王はトマスを捕らえて投獄し、生きたまま皮を剥《は》いで火あぶりにすることを決めます。同じ頃、王の弟であるガドが死んで葬られたのですが、ガドは死後4日目にゾンビのように墓からよみがえります。逃げ惑《まど》う人々を無視してガドは兄王のところへ行き、「あの聖なる人トマスを殺してはなりません！　わたしが死んだ際、天使たちが彼に仕《つか》えていると知りました。兄上、神様への罪を犯してはなりません」と必死で訴えました。ガドの願いは聞き入れられ、インド王はトマスを牢から出すと、彼に高価な衣服を与える提案をし、彼のために宮殿を建てる申し出さえしました。ですが、トマスは、それらをすべて拒み、インド王とその弟ガドを、こう諭《さと》しました。

「天国の宮殿を得るには、信仰と施《ほどこ》しが必要です。あなたがたが永遠に消えない天の財宝を欲するなら、信仰と施しによって、それらを先に天国に行かせなさい。あなたたちが死んだあとで、地上の財宝がついてくることはないのですから」

その後、トマスは南インドのカラミナ（現在のマイラポール）で宣教し、多くの民衆を改宗させます。その中には、南インド王の側近カリシウスの妻ミグドニアもいて、彼女は王妃の妹でした。イエスの教えを信じるようになった妻ミグドニアが、信仰の異なる自分と同じ床《とこ》で寝るのを拒むようになったことに激怒したカリシウスは、南インド王に訴え出てトマスを投獄します。カリシウスの頼みで王妃がミグドニアに信仰を棄《す》てるように説得しますが、逆に感化されて王妃もイエスの教えを信じるようになりました。今度は南インド王が激怒し、王妃とミグドニアに信仰を棄てさせるようにトマスに命じます。トマスは、穏やかに首を振り、それを拒みました。

「王よ、あなたはご自分の召使いには清潔な奉仕を求めるでしょう。神様も、それと同じなのです。どうして、あなたは、わたしに罪を犯させようとなさるのですか」

激怒した王はトマスを拷問で殺そうとしますが、彼は神の加護で守られていたので、ことごとく失敗します。最後には、太陽神への偶像崇拝を強制しましたが、トマスが祈ると偶像は溶けて消滅しました。発狂した祭司長が刀でトマスを刺し殺すと、民衆が暴動を起こし、報復を恐れた王と側近カリシウスは逃げ出したようです。

インド周辺の布教に成功したトマスは、この地域で熱烈に崇敬されるようになり、ローカルな発展を遂げた特殊な「トマス信仰」は、キリスト教の本流から外れた異端と見なされるまでになります。彼の名を冠した「トマスの福音書」には、異端の神秘主義グノーシス派の特徴が見られます。第1章でご紹介した東方の三賢者（35ページ参照）は、このトマスからインドで教えと洗礼を受けた、と伝えられています。

布教先の各地で続々と壮絶に殉教する使徒たち

新約聖書に収録されているイエス・キリストの公生涯を記録した4冊の福音書のうち、マタイ、マルコ、ルカの名を冠した共通点の多い3冊（共観福音書）に名前の出てくる12使徒のひとりバルトロマイは、「ヨハネの福音書」ではナタニエルという名前で出てきます。「バル」というヘブライ語は「～の子」という意味なのでバルトロマイは「トロマイ（タルマイ）の子」という意味の、ナタニエルのニックネームだったのです。

イエスが公生涯を始めて間もない頃、カナという町で結婚式が行《おこな》われました。当時のユダヤ教社会の結婚式は1週間も宴会が続く盛大なもので、用意されていたワインが底を尽きました。世話人のひとりである聖母マリアがイエスに「なんとかしてください」と頼んだところ、イエスが水をワインに変えたという話が、新約聖書で紹介されているイエスの最初の奇跡です（「カナの婚礼」）。「ヨハネの福音書」ではナタニエルがカナの出身だと記されており、結婚式の婿はバルトロマイだったとする説があります。

新約聖書にはバルトロマイ（ナタニエル）の記述はほとんどありませんが、外典「バルトロマイ行伝」によると、使徒バルトロマイはインドで宣教し、異教の像の中に入っていた悪霊《あくれい》を追い出したところ、王や大衆がイエスの教えを信じて洗礼を受けたとされます。異教の神官たちが王の弟アストラゲスにこのことを告げると、新たに王となったアストラゲスは、バルトロマイを捕らえ、彼に棄教《ききょう》を迫ります。

「わが兄を棄教させた悪魔の化身《けしん》め、今度は貴様の信仰を棄てさせてやる」

「あなたが拝んでいるのが真《しん》の神であるなら、信じましょう。ですが、もしそれが偽りの神ならば、わたしが信じる全能の神の力で、その像は粉々になるでしょう」

バルトロマイが話し終わらないうちに、異教の神の像が粉々になったと知らせが王の家臣から届きました。アストラゲスは「この憎き悪魔め！」と半狂乱になり、バルトロマイをまず十字架に磔にして苦しめた上で、彼の息が絶える前に降ろして生きたまま皮を剥ぎ、最後に斬首したと伝えられます。システィーナ礼拝堂にミケランジェロが描いた絵画「最後の審判」の中で、バルトロマイは自分の皮を手にした姿で描かれています。その生皮の歪《ゆが》んだ顔は、ミケランジェロ自身の顔となっています。

16世紀に日本で最初にキリシタン大名となり、長崎港を開港し、天正《てんしょう》遣欧《けんおう》少年使節をローマに派遣した戦国武将・大村純忠《すみただ》の洗礼名「バルトロメウ」は、使徒バルトロマイに由来します。当時、宣教師たちは、生きたまま皮を剥がれても棄教しなかったバルトロマイのように強い信仰を、純忠に持ってほしかったのかもしれません。

バルトロマイについては、12使徒のひとりタダイといっしょにアルメニアで宣教し、その地で殉教したという伝承もあります。当時のユダヤ人は名前の種類がそんなに多くなかったようで、イエスもよくある名前でしたし、12使徒の中では、大ヤコブと小ヤコブだけでなく、実は、シモンとユダもふたりずついるのが、とても紛らわしいです。

イエスを裏切ったユダは「イスカリオテのユダ」と呼ばれ、もうひとりのユダは「タダイ」という通称で知られていました。このユダ・タダイにはなんら落ち度はないのですが、イエスを裏切った男と同じ名前であったせいで言及されることが少なく、「忘れられた聖人」という気の毒な愛称もあるほどです。

ふたりいるシモンのひとりは、イエスから「ペトロ」の名を与えられた12使徒のリーダーで、もうひとりは「熱心党のシモン」と呼ばれます。熱心党は当時のユダヤ教社会を必要なら武力で改革する過激な思想を持っていたグループで、熱心党のシモンがユダ・タダイといっしょにペルシアで宣教し殉教したという伝承も残っています。

影が薄い使徒たちは伝承の中で殉教

キリスト教の聖人崇敬する教派によって、認定している聖人は多少異なりますが、イスカリオテのユダを除き、マティアが補充された12使徒は全員が全教派で聖人と認定されています。ただし、そのうち何人かは、ほとんど伝承が遺っていません。

イエスを裏切ったあとに自殺したイスカリオテのユダの代わりにクジで使徒に選ばれたマティアは、クジ引き以外のエピソードは新約聖書に記されていません。いくつかの文書によれば、マティアは十字架刑あるいは石打ちの刑で殉教したとされていて、死因もはっきりしないのですが、その遺体は、ローマのサンタ・マリア・マッジョーレ大聖堂に埋葬されています。クジ引きで選ばれたことしか知られていない不思議な使徒です。

また、イエスの12使徒に名の挙がるふたりのヤコブが「大ヤコブ」「小ヤコブ」と呼び分けられていることは既に述べましたが、かつてこの小ヤコブと、エルサレム教会の初代司教である「義人ヤコブ（主《しゅ》の兄弟ヤコブ）」が同一視されていた時代がありました。義人ヤコブについては新約聖書の「使徒言行録」と「ヤコブの手紙」でその人物像を窺い知ることができますが、後年の聖書研究で両者が別人だと判断されるようになると、小ヤコブについての伝承は皆無《かいむ》となりました。ただ、12使徒はヨハネ以外は全員殉教したとされていますので、小ヤコブも、どこかで人知れず殉教したのでしょう。殉教した使徒なのに伝承が存在しないという、非常に影の薄い使徒です。

新約聖書に登場するイエスの弟子の中に、フィリポという名の者がふたりいるのですが、使徒のフィリポより、初代教会で「福音宣教者」と呼ばれて活躍したフィリポのほうが記述が多く、広く知られています。紛らわしいことに、使徒フィリポには預言者の娘がふたりいて、福音宣教者フィリポにも預言者の娘が4人いたとされます。使徒フィリポは各地で布教し、最終的にはローマ帝国の温泉地ヒエラポリスで総督の妻を改宗させたことが原因で総督の怒りを買い、処刑され殉教しました。

新約聖書の冒頭を飾る「マタイの福音書」の著者で12使徒のひとりでもあるマタイは、当時、人々から忌《い》み嫌われていたローマ帝国の取税人《しゅぜいにん》で、ある時、イエスから「わたしに従いなさい」と言われて弟子に加わったことが聖書に記されています。レビという別名もあるこのマタイは、新約聖書のおさめられている福音書の著者4人の中では、いちばん伝承が少ないのですが、エチオピアで宣教を行った記録は遺されています。

亡くなった王子を祈りで生き返らせたマタイは神のように崇拝されそうになりますが、「わたしは主《しゅ》イエス・キリストのしもべにすぎません」と人々を諭し、王も含めて全国民にイエスの教えを信じさせたそうです。マタイの指導で王女エピゲネイアも神に生涯を捧げる乙女となりますが、王の死後、新たに王位に就《つ》いたヒルタコスは「わたしはエピゲネイアと結婚したい。彼女を説得してくれたら、お前に国の半分をやろう」と持ちかけます。マタイは「次の日曜日に教会でミサに参加していただければ、結婚の素晴らしさをあなたにお話ししましょう」と、思わせぶりに王に約束します。

マタイがエピゲネイアを説得してくれると信じたヒルタコスは、期待に胸を高鳴らせながら日曜のミサに参列しますが、マタイの説教は、王の期待の正反対でした。

「清らかな結婚生活は、神様に祝福された素晴らしいものです。しかし、主《しゅ》に捧げられた花嫁を奪おうとする者は、ゆるされることではありません。死罪に値《あたい》します」

ヒルタコスが激怒して教会を飛び出して行ったあとも、マタイは平常心でミサを執《と》り行《おこな》いましたが、やがて刑吏《けいり》が教会に現れ、マタイは祭壇の前で刺殺されました。

キリスト教を世界宗教に発展させた功労者の受難

キリスト教最大の宣教師として知られるパウロは、元はサウロというヘブライ語名で知られていました。彼はユダヤ教の保守派としてイエスの教えを弾圧していましたが、ある時、太陽よりまぶしい光に打たれて目が見えなくなり、「どうしてわたしを迫害《はくがい》するのか」というイエスの声を聞きます。その後、イエスから遣《つか》わされた男がサウロの頭に手を置くと、目からウロコのようなものが落ち、サウロはイエスの教えこそが真理であると悟りました（「目からウロコ」の語源）。最大の迫害者が一転して、最大の宣教師に変身した瞬間でした。のちにサウロはギリシア語名のパウロを用いるようになり、各地でイエスの教えを広め始めますが、かつては過激な迫害者たちの最右翼として知られていたので、イエスの弟子たちからは恐れられて敬遠され、ユダヤ教の保守派からは「裏切り者」と呼ばれ、いのちをねらわれ続けます。最初は孤立無縁だったのです。

初代教会で人望のあったバルナバが「皆さん、パウロの信仰心は本物です」と執《と》り成《な》したことで、パウロはようやく教会の一員として受け入れられましたが、以後も古参の弟子たちとのあいだに気まずさはずっと残り、彼はエルサレムを離れて、アンティオキアでバルナバといっしょに布教しました。アンティオキアの教会は発展し、歴史上初めて彼らは「クリスチャン（＝キリストを信じる者たち）」という通称で呼ばれるようになります。キリスト教はユダヤ教から次第に分離、独立し始めていました。

パウロは地中海周辺の世界を3度にわたり宣教旅行し、移動した距離は2万キロとも言われます。各地で多くのクリスチャンを生み出しましたが、反発も強く、逮捕されたり、監禁されたり、石打ちの刑にされて瀕死になったり、嵐の海で遭難して死にかけたりしました。パウロは各地のクリスチャンに熱心に手紙を書きました。新約聖書に収録されている27の文書のうち、13はパウロが書いた手紙です。その内容は、当時まだ深く理解されていなかったイエスの教えの解釈を示すもので、それが現在のキリスト教の根《こん》幹《かん》になっていることから「キリスト教は実際にはパウロ教だ」と言う人さえいます。

そんなパウロは、昇天前のイエスに会ったことはなかったのですが、昇天後のイエスから直接、「異邦人（＝ユダヤ教を信じていない人たち）のための使徒」となるように召し出されたので、手紙の中ではみずから「使徒パウロ」と名乗りました。ですが、彼はあくまで「自称使徒」であり、最大の宣教功労者でありながら古参の12使徒とのあいだには人間関係の軋轢《あつれき》もあったようです。「12使徒は宣教に専念できる恵まれた立場にあるが、わたしはテントづくりをして自分の活動費をまかなわねばならない」といった恨み節も、パウロの手紙には記されています。ですが、12使徒のリーダーであるペトロと、自称の使徒にすぎないパウロの個人的な関係は悪くなかったようで、新約聖書の中でもふたりが少しのあいだ、いっしょに生活した記録がありますし、初期キリスト教文書では、ペトロとパウロがローマの地で協力して宣教していたと記されています。

ネロがローマ帝国の皇帝となると、狂ったネロ自身が首謀者とされるローマの大火《たいか》をきっかけにクリスチャンの迫害が始まりました。なにか犯罪が起きるとクリスチャンのせいにされる風潮が生まれ、ネロはクリスチャンを飢えた野獣のエサにしたり、松明《たいまつ》の代わりに自宅の庭で生きたまま燃やしたりしました。そんな狂気の皇帝ネロがクリスチャンの指導者であるペトロとパウロを見逃すはずはなく、ふたりは捕らえられ、ペトロは逆さまにした十字架に磔にされ、パウロはローマ帝国の市民権を持っていたため、いちばん残酷な十字架刑は免《まぬが》れましたが斬首で処刑されました。処刑場は違いましたが、ふたりは西暦67年頃の同じ年の同じ日に処刑されたと伝えられています。

未熟だった後継者たちも成長した末に殉教

イエス・キリストが逮捕される前に12使徒と最後の時間を過ごした「最後の晩餐」は、弟子のひとりマルコの家の「高間《たかま》」と呼ばれる2階であったとされています。高間は、イエスが昇天した10日後に弟子たちに聖霊が注がれた「聖霊降臨」の舞台でもあります。聖霊降臨の時には聖母マリアも含めて、イエスの120人もの弟子たちが居合わせたようですから、かなり家は大きく、裕福な家庭であったと思われます。

ひとつ前の話で紹介したパウロの第1回宣教旅行の際、バルナバと彼の従弟にあたるマルコも同行していたのですが、なぜかマルコだけが途中で引き返したことが新約聖書の「使徒言行録」には記されています。このマルコの途中離脱は、病気や事故などやむをえない事情があったわけではなく、マルコの単なるわがままだったようです。第2回宣教旅行の時にもバルナバがマルコを連れて行こうとすると、パウロは「前回途中で引き返した奴といっしょに旅をしたくない」と反発しました。それまで盟友であったパウロとバルナバが別の道を選ぶ原因となったのが、マルコだったのです。

そのように、最初は良家の坊ちゃん特有のわがままさを感じさせたマルコでしたが、年を重ねるにつれて精神的に成熟したようで、パウロも後年の手紙ではマルコを褒《ほ》め、頼りにしていた様子も窺えます。後年のマルコは、使徒たちのリーダー・ペトロの通訳を務めたことも記録されています。ペトロから聞いたイエス・キリストの逸話をまとめたのが「マルコの福音書」であることから、この福音書は実質的には「ペトロの福音書」と見なされることもあります。また、「マルコの福音書」だけに記されている、「イエスが逮捕された時に、衣服を脱ぎ捨てて全裸で逃げた男」は、福音記者マルコ自身だと言われています。本人でなければ書けないエピソードだからです。

マルコは、のちに宣教師としても活躍し、水の都として有名なヴェネツィアの象徴サン・マルコ大聖堂は、聖マルコ（サン・マルコ）に捧げられたものです。

パウロの宣教旅行に同行した人物としては、「ルカの福音書」と「使徒言行録」の著者であるルカも挙げられます。パウロの手紙ではルカの職業は医者と書かれていて、伝承によると、ルカは初めて聖母マリアの絵を描いた画家だったとも伝えられます。そのため、聖ルカは「医者の守護聖人」であり「画家の守護聖人」でもあります。東京にある有名な聖路加《せいるか》国際病院の名前は、この聖人に由来するものです。

ルカが書き遺した「ルカの福音書」と「使徒言行録」は、事件を時系列順に整理して描いている点や、女性たちへのやさしいまなざしが感じられる描写が特徴です。「ルカの福音書」だけが記している、イエスが復活した日の夕方、エマオという村へ歩いていた弟子ふたりの前に別人の姿をしたイエスが現れた、という逸話があります。この時にイエスに遭遇した弟子ふたりのうち、クレオパという弟子の名前しか挙げられていないので、もうひとりの弟子はルカ自身であった、という説もあります。

新約聖書に収録されているパウロ書簡「テモテへの手紙」「テトスへの手紙」のテモテとテトスも、パウロを手助けした功績から、聖人と認定されています。

テモテは第2回宣教旅行の最中だったパウロに出会い、彼の弟子となりました。パウロはテモテを信頼して司祭に叙階し、以後、テモテはパウロの右腕として各地で宣教活動を続けました。パウロの殉教後もテモテは宣教活動を続けていましたが、エフェソの地で異教徒たちから棍棒（あるいは石）で襲撃され、殉教しました。

キリスト教がユダヤ教から完全に独立する以前、改宗した異邦人が割礼《かつれい》をすべきかどうかが大きな問題となりました。割礼というのは、ユダヤ人男性が生後8日目に性器の包皮を切除する風習で、旧約聖書に規定されています。エルサレムで開かれた会議でパウロが「異邦人改宗者に割礼は不要である」という実例を示すために伴ったのが、異邦人から改宗したテトスでした。テトスもパウロの指導を受けて各地で布教にあたり、最後はクレタの司教として94歳まで生きて帰天しました。

多くの伝説を生み出した女性弟子の筆頭格《ひっとう》

イエス・キリストが宣教した時代は、古代社会の常で女性の地位が不当に低かったのですが、イエスは女性たちにも分け隔てなく救いの手を差し伸べていました。イエスが逮捕されてから十字架に磔にされるまで、男性弟子は全員が逃げ出したのに対し、多くの女性弟子がイエスの最期まで付き添いました。現代は男女の性差がどんどん小さくなっていますが、イエスの男性弟子と女性弟子のふるまいは好対照だったのです。

イエスの女性弟子たちの中で、聖母マリアを除けば必ず筆頭に名が挙がるのが、マグダラのマリアです（マリア・マグダレナとも表記されます）。新約聖書によると、彼女は7つの悪霊《あくれい》に憑かれた罪深い女でしたが、イエスの癒しで再生しました。イエスが十字架に磔となった時には聖母マリアたちとともに間近で見届けたのですが、彼女の存在が特別なのは、死後に復活したイエスが最初にマグダラのマリアの前に姿を現したからです。感激したマリアはイエスにすがりつこうとしますが、イエスに制止されました。

「マリアよ、わたしに触《ふ》れてはならない。まだ昇天していないのだから」

どうして昇天前は触れてはいけないのか謎めいていますが、マリアはイエスから使徒たちへの伝言を託されました。マリアの知らせを受けて、使徒の代表者であるペトロとヨハネがイエスの墓へ駆けつけましたが、その時にはイエスに会えませんでした。イエスの真意はわかりませんが、マグダラのマリアが優遇されたことは事実でしょう。そのため、敬虔《けいけん》なクリスチャンにとっては眉をひそめる話ですが、イエスとマグダラのマリアは実は結婚していて子供がいた、という内容の小説や映画は、いくつも制作されています。「人間社会はどろどろしているのだから、清らかなだけの関係などありえない」と考え、ついロマンスと結びつけたくなるのは、人間の性《さが》と言えるかもしれません。

マグダラのマリアは、イエスが死から蘇生させたラザロ（47ページ参照）の姉妹であるベタニアのマリアと長らく同一視されていましたので、両者の伝承も混在しています。初期キリスト教文書に名前が出てくる「（マグダラの）マリアの福音書」の断片が19世紀に発見され、その内容は異端グノーシス派の傾向が色濃く出ているものの、マグダラのマリアの存在がキリスト教の初期から重視されていたことを窺わせます。

結婚式の最中に別れさせられた弟子が最長老に

イエスが最初に弟子にした4人のひとりで、大ヤコブの弟ヨハネは、「聖霊降臨」以後はペトロとともに12使徒を代表する初代教会の支柱として活動していたことが「使徒言行録」には記されています。使徒ヨハネは、のちに新約聖書に収録されている「ヨハネの福音書」と「ヨハネの手紙」3通と「ヨハネの黙示録《もくしろく》」を著したと信じられてきましたが、近年の聖書研究では、使徒ヨハネと福音記者ヨハネと黙示録を記した長老ヨハネは、ふたり——あるいは3人とも別人だったのでは、という説もあります。

使徒ヨハネは「ヨハネの福音書」の中で自分のことを「主《しゅ》がもっとも愛した弟子」と記しており、イエスの墓が空になっているのをペトロとふたりで確認する場面では、「主がもっとも愛した弟子のほうが先に着いた。彼のほうが速く走ったからである」と、当時の自分の若さを強調する一面も見せます。使徒ヨハネは12使徒でただひとり、十字架に磔になったイエスのもとへ戻った人物で、その時にイエスから「見なさい、そこにあなたの母がいます」と、聖母マリアのお世話を託されました。神のご加護もあったのか、12使徒の中で唯一、殉教せずに天寿《てんじゅ》をまっとうした人物でもあります。

使徒ヨハネと先に述べたマグダラのマリアは元々、婚約者であったという説が「黄金伝説」では紹介されています。それによると、ふたりがまさに結婚式を挙げている最中にイエスが現れてヨハネを召し出したので、結婚は無効となってしまったそうです。結婚式で新婦がさらわれる有名な映画がありますが、新郎が預言者にスカウトされて結婚式がぶち壊しになるというのは、インパクトがあります。マグダラのマリアは、そのショックで娼婦《しょうふ》となり身を持ち崩したものの、のちに再会したイエスに癒されて回心し、以後は女性弟子の筆頭格となったのでした――という逸話は俗説にすぎませんが、そのくらいヨハネやマグダラのマリアは人気があり、イエスとの関係が特別に親密だったと人々が信じていたからこそ、そのような物語も語り継がれてきたのでしょう。

初期キリスト教文書によれば、ローマ帝国の皇帝ドミティアヌスがクリスチャンに対する激しい迫害を行った際、初代教会の中心人物である長老ヨハネも捕らえられ、ローマのラティナ門の外で油が沸騰している桶に投げ込まれました。ところがヨハネが無傷のまま出てきたのを見て、民衆の多くがクリスチャンになったと言います。

皇帝ドミティアヌスは、処刑で殺すことのできないヨハネを恐れ、彼をパトモス島に流刑にしました。その地で長老ヨハネが書き記したのが、新約聖書の最後に収録されている、世界の終末についての預言が語られた「ヨハネの黙示録」です。

その後、ドミティアヌスが謀反で殺されると、クリスチャンの弾圧は鎮静化し、ヨハネはエフェソに戻り、その地で100歳近くまで生きたと伝えられています。

第3章

大殉教時代に伝説となった聖人たち

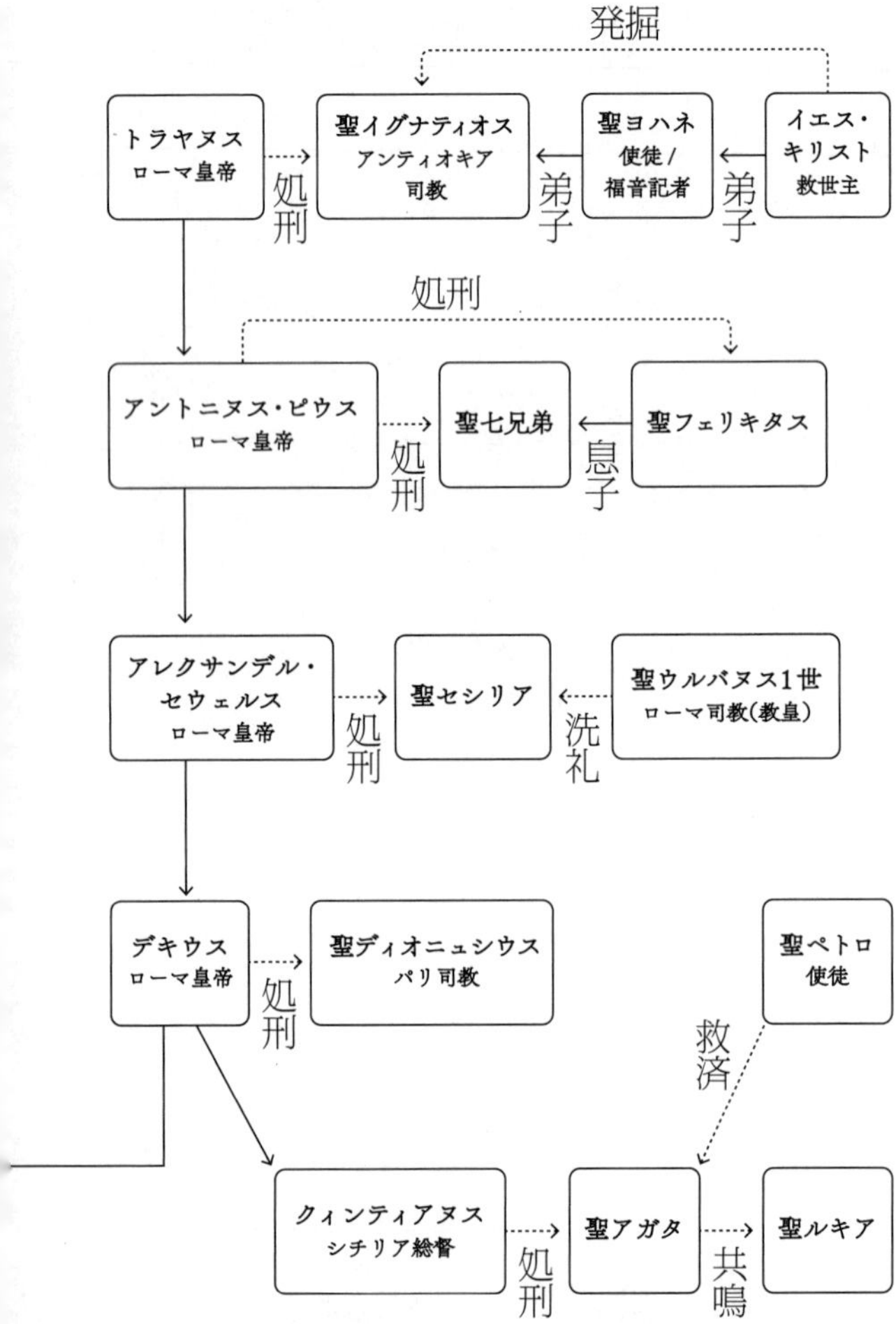
発掘
トラヤヌス
ローマ皇帝
処刑
聖イグナティオス
アンティオキア
司教
弟子
聖ヨハネ
使徒/
福音記者
弟子
イエス・
キリスト
救世主
処刑
アントニヌス・ピウス
ローマ皇帝
処刑
聖七兄弟
息子
聖フェリキタス
アレクサンデル・
セウェルス
ローマ皇帝
処刑
聖セシリア
洗礼
聖ウルバヌス1世
ローマ司教(教皇)
デキウス
ローマ皇帝
処刑
聖ディオニュシウス
パリ司教
聖ペトロ
使徒
救済
クィンティアヌス
シチリア総督
処刑
聖アガタ
共鳴
聖ルキア

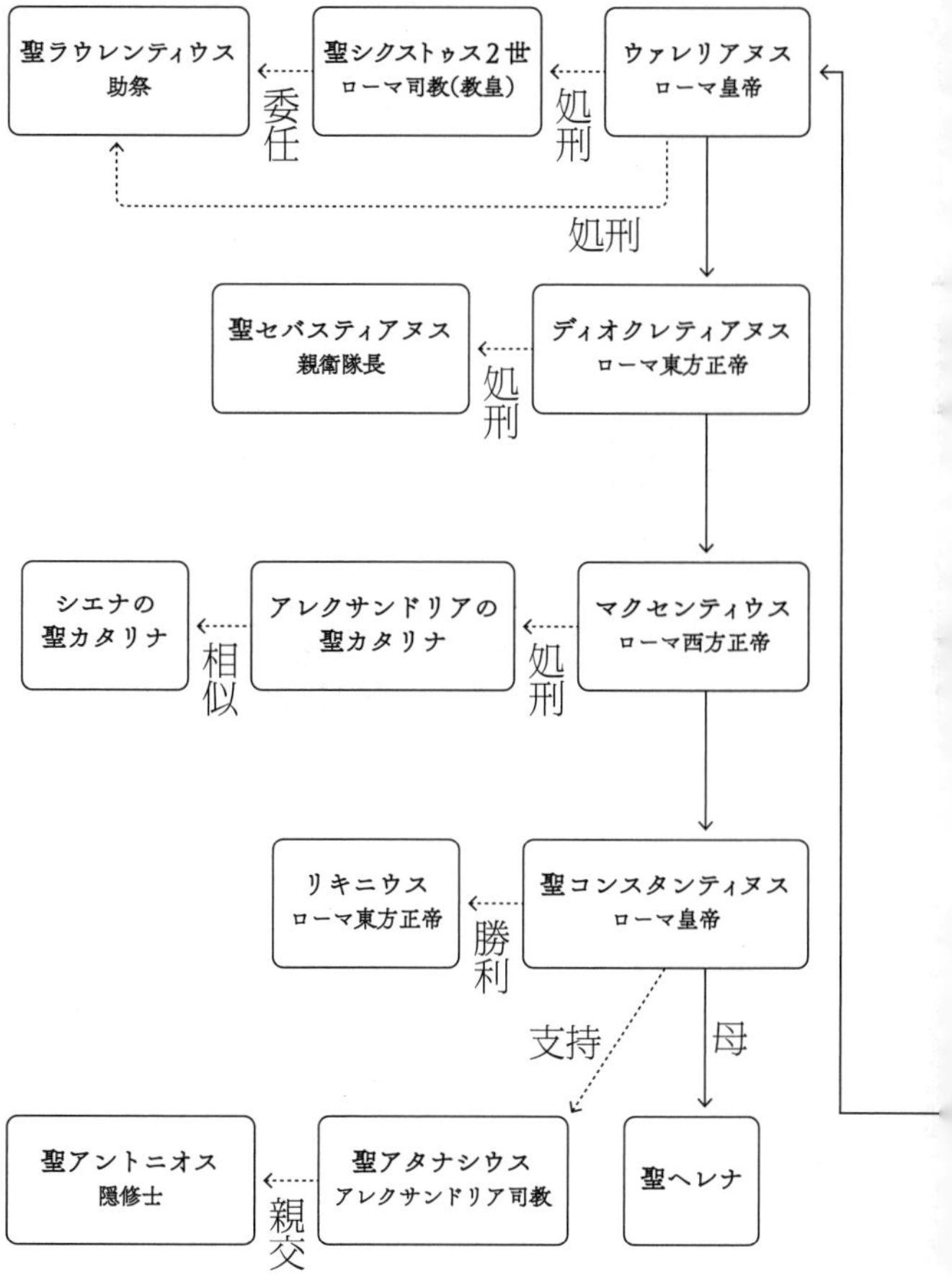
聖ラウレンティウス
助祭
委任
聖シクストゥス2世
ローマ司教(教皇)
処刑
ウァレリアヌス
ローマ皇帝
処刑
聖セバスティアヌス
親衛隊長
処刑
ディオクレティアヌス
ローマ東方正帝
シエナの
聖カタリナ
相似
アレクサンドリアの
聖カタリナ
処刑
マクセンティウス
ローマ西方正帝
リキニウス
ローマ東方正帝
勝利
聖コンスタンティヌス
ローマ皇帝
支持
母
聖アントニオス
隠修士
親交
聖アタナシウス
アレクサンドリア司教
聖ヘレナ

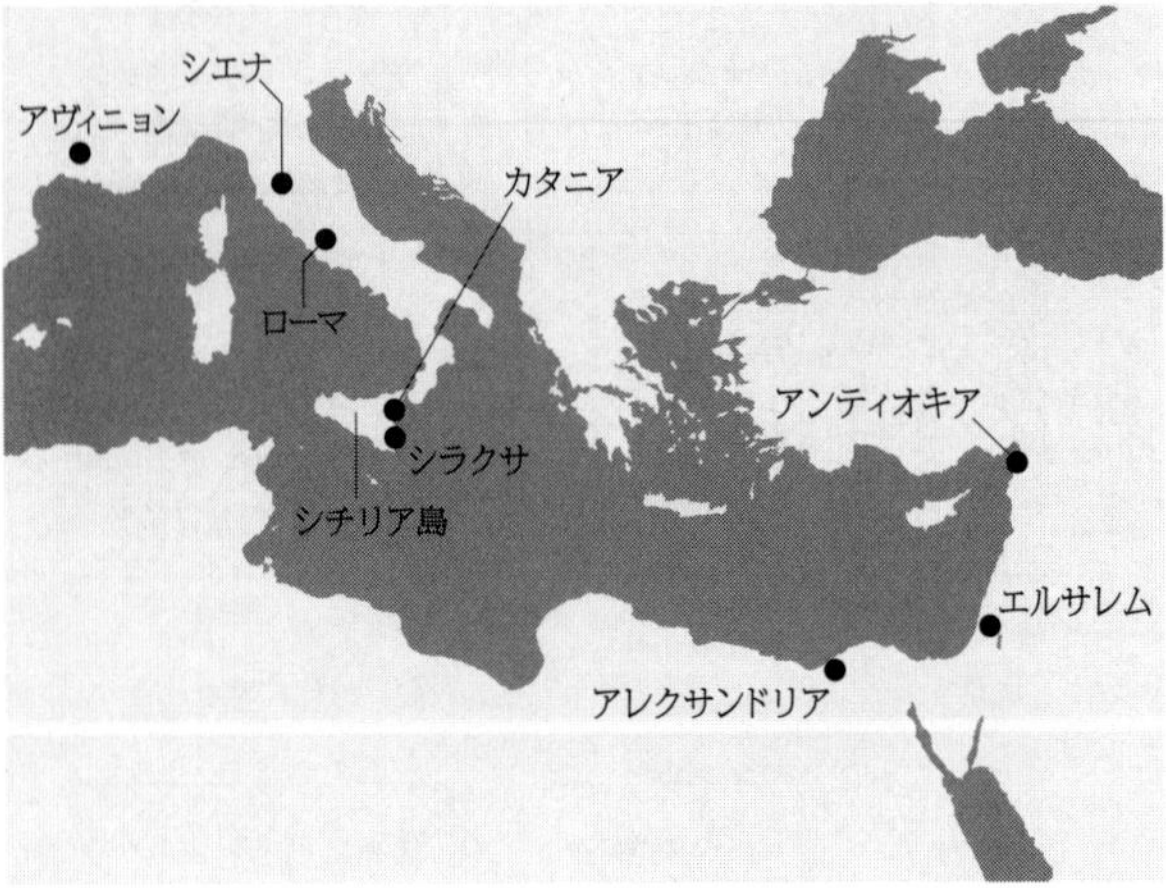
シエナ
アヴィニョン
カタニア
ローマ
アンティオキア
シラクサ
シチリア島
エルサレム
アレクサンドリア

猛獣に喰い殺されると決まって大喜びした司教

イエス・キリストが各地で福音宣教していた頃、弟子たちが「天国では、だれがいちばん偉いのだろう?」という議論をしていたことがありました。その時、イエスは、たまたま近くにいた幼い子供を呼ぶと、その子を弟子たちに示しました。

「はっきり言っておく。この子供のように純粋で謙虚にならないと、あなたたちは天国に入れない。この子のように自分を低くする者が、天国でいちばん偉い」

その時、イエスに呼ばれた子供の名は、イグナティオス(イグナチオとも表記されます)。彼は成長して使徒ヨハネの弟子となり、西暦69年に45歳でアンティオキア教会の司教となり、以後、同教会を38年にわたり指導しました。

西暦107年頃、イグナティオスはローマ帝国の皇帝トラヤヌスの前に引き出され、ローマの神々への礼拝を強要されますが、「わたしたちが礼拝するのは天地を創造した唯一神のみです。木や石でつくった偶像を拝むことはできません」と拒んだことで皇帝は激怒し、死刑が確定します。ローマの円形闘技場《コロッセオ》で大観衆の見物する中、飢えた猛獣のエサにされると決まった時、イグナティオスは大喜びして叫びました。

「主《しゅ》よ、あなたのために、いのちをお捧げできる光栄に感謝します!」

ローマに護送される最中にイグナティオスが各地のクリスチャンたちに宛てて書いた7通の手紙が現存していて、初期キリスト教の内情がわかる価値の高い資料となっています。その中で彼は「皆さん、わたしを愛してくださるなら、わたしの受難をどうか妨げないでください。わたしはキリストの麦《むぎ》となるために、跡形も残らないくらい猛獣の牙《きば》で噛み殺されたいのです」と、書き記しています。聖書にある「一粒の麦が地に落ちないあいだは、それは一粒のままです。でも、それが地に落ちて死ねば、多くの実を結びます」という内容の聖句を意識した表現でしょう。

処刑場となる円形闘技場《コロッセオ》へイグナティオスを連行する刑吏《けいり》のひとりが、隠れクリスチャンでした。その刑吏が、ふたりだけの時に「皇帝陛下に減刑をお願いしてみます」とイグナティオスに耳打ちすると、彼は激しく首を振り、「それはいかん! やめてくれ! わたしは猛獣に噛み殺されて殉教したいのだ」と希望し、譲りませんでした。

ローマの円形闘技場《コロッセオ》を埋め尽くす大観衆の前で、イグナティオスは偶像を礼拝するラスト・チャンスを与えられますが、当然のごとく拒み、人々に呼びかけました。

「ローマの人たち、わたしは悪いことをして罰を受けるわけではありません。わたしは信仰心ゆえに猛獣に噛み殺され、キリストの麦となる必要があるのです」

2頭の飢えたライオンが檻《おり》から解き放たれると、獰猛《どうもう》な野獣は競うように駆け出し、イグナティオスに飛びかかりました。聖人は平然とそれを受け止めると、満足げに微笑みながら噛み殺され、あとに残ったのは骨が数本だけだったそうです。イグナティオスの殉教後すぐ、アンティオキアで大地震が発生して、たくさんの民衆が亡くなり、皇帝トラヤヌスは恐れをなしてキリスト教の迫害を中止した、と伝えられています。

7人の息子を順番に殺され自分も殉教した聖女

フェリキタスという名の聖女は複数います。日本人にはなじみのない名前かもしれませんが、その英語名フェリシティは人気で、洋画や海外ドラマでもよく使われます。

ローマ帝国によるキリスト教の弾圧が苛烈《かれつ》を極めていた2世紀、皇帝アントニヌス・ピウス（あるいは次の皇帝マルクス・アウレリウス）の時代、7人の息子たちと暮らしていたフェリキタスは、クリスチャンであることが発覚して捕らえられ、ローマの神々の像を崇拝するようにローマ市の長官から強要されましたが、抵抗します。屈強な兵士たちからムチ打たれ、殴られても目の強い輝きを失わず、決して信仰を棄《す》てようとしないフェリキタスの毅然《きぜん》とした態度に長官は神経を逆撫《さかな》でされて、我《われ》を忘れます。

「お前が愚かな信仰を棄てるまで、息子たちを順番に、残酷な方法で殺してやる」

それからフェリキタスの息子たちは、ひとりずつ順番に、非人道的な拷問で苦しめられ続けた末に殺されました。その間、フェリキタスは息子たちを励まし続けました。

「愛するわが子よ、今の苦しみは、つかの間のことです。この苦しみに最期まで耐え抜いて殉教すれば、永遠に続く天国の栄光が、あなたたちを待っています」

母の励ましもあり、7人の息子たちは兄弟たちが順番に殺されても、だれひとり信仰を棄てず、全員が信仰を貫いたまま拷問の末に死にました。そして、最後はフェリキタス自身が、思いつく限りの残忍な方法で拷問された末に殺されました。

「主《しゅ》よ、息子たちがだれひとり棄教しなかったことを見届けて天国に行けることは、このうえないしあわせです。お恵みをくださったことに感謝いたします」

満足げに微笑みながら処刑されたこの「ローマのフェリキタス」は、のちに聖人に認定され、7人の息子たちも「七兄弟」の名で聖人となりました。

聖女フェリキタスと聖七兄弟の美しい殉教物語は、迫害されていた時代のクリスチャンたちにとって大きな慰《なぐさ》めとなりましたが、実は、これとまったく同じ構造の「母親が7人の息子の殉教を見届ける話」が旧約聖書の続編である「第2マカバイ記」に出てきます。筋書がまったく同じなので、原典を模倣した創作という面もあるかもしれません。フェリキタスと七兄弟の墓は実際にあるのですが、七兄弟とされているのは元は無関係の者たちで、フェリキタスとは関係ない、という説もあります。

たとえ真偽が曖昧でも太古から長く語り継がれてきたのは、「愛する息子たちとともに美しい信仰を貫いた母親」という物語が、大衆の胸を打ったからでしょう。

新婚初夜に天使を口実にして夫を拒んだ花嫁

皇帝アレクサンデル・セウェルスのもとでクリスチャンの迫害が続いていた3世紀、ローマの裕福な家に生まれた清純な乙女セシリア（チェチリアとも表記されます）は、親の意向で良家の子息と結婚させられますが、初夜に夫にこう告げました。

「実は、わたしは天使様に護《まも》られていますので、男の方と交わることはできません。どうかわたしに手を触れず、清らかな愛でわたしを包んでいただけますでしょうか」

そんな説明だけで「そうなの？　わかったよ」と納得する夫はいないでしょう。

「それが本当の話なら、その天使とやらに会わせてくれ。天使が実在するなら、ぼくも信じようじゃないか。でも、きみがほかの男を愛してそう言うなら、ゆるさない」

セシリアはまったく動じず、「地下墓地《カタコンベ》で暮らすウルバヌスという名の老人を訪ねてください」と夫に告げます。半信半疑で夫が地下墓地《カタコンベ》に赴くと、老人ウルバヌスに歓迎されました。その時、輝く白い衣をまとった天使が現れ、夫は神秘体験に打ちのめされ、妻と同じ信仰の道へ入る決意をします。セシリアと夫に洗礼を授けたこの老人こそ、のちに聖人に認定されるローマ司教（教皇）ウルバヌス1世だとされています。

セシリアの影響により、夫の弟もイエスの教えを信じるようになりました。夫と弟のふたりは殉教者たちの遺体を埋葬しているところを捕らえられ、ローマ市の長官に尋問されます。兄弟はローマの神々への礼拝を拒んだため、ふたり同時に斬首され、長官は兄弟の財産を没収するために、次にセシリアを呼び出しました。セシリアを連行する兵士たちは、清らかで美しい彼女が無惨に殺されるのを惜《お》しみ、「セシリアさん、お願いですから、形だけでも神々を礼拝してください」と説得しますが、拒まれます。

「皆さん、どうか心配なさらないでください。わたしのいのちは喪《うしな》われるわけではありません。神様によって、今とは別の、永遠に続くいのちに変えていただけるのです」

セシリアの毅然《きぜん》とした態度に感動した兵士400人が受洗しますが、それにより長官はさらに激怒し、彼女の処刑を命じます。セシリアは最初、燃えたぎる湯に入れて茹《ゆ》で殺されるはずでしたが、彼女が無傷だったので、斬首刑に変更されました。

処刑人がセシリアの首に刀を振り下ろしましたが、3回連続で首を切断することができず、斬首に3回失敗した場合には処刑中止という法律があったので、セシリアは、さんざん殴打《おうだ》されたのちに解放されました。その後の3日間でセシリアは財産を貧しい人たちに分け与えた末に、最終的には負傷が原因で亡くなりました。

セシリアの遺体は最初、歴代のローマ司教——教皇たちが埋葬される地下墓地《カタコンベ》に葬られたあと、5世紀に建てられたサンタ・チェチリア教会に9世紀に移されました。

斬《き》り落とされた自分の首を持って歩いた聖人

3世紀、ローマ皇帝デキウスによる迫害は、のちにフランスの首都となるパリにまで及びました。もちろん、当時はフランスが建国される前で、前身のフランク王国もまだ存在しなかった時代です。当時、パリの司教を務めていたディオニュシウスは、優れた説教で多くの民衆をキリスト教に改宗させていたため、ローマ帝国のパリ市長官に捕らえられました。その際、ひとりの夫人が連行される司教たちを罵倒《ばとう》しました。

「わたしの夫は、この魔術師たちのせいで、おかしな教えを信じ、逮捕されても信仰を棄《す》てずに処刑されたのよ！　どうかこの者たちも残酷に処刑して！」

ディオニュシウスはムチで打たれたあと、飢えた猛獣の前に連れ出されました。司教が十字を切ると猛獣がおとなしくなったので、処刑人たちは次に彼を燃え盛る炉《ろ》の中に投げ込みましたが、やはり無傷でした。最終的に彼は斬首されることになります。

ディオニュシウスは、いっしょに捕まった司祭と助祭と3人そろって、パリ郊外の処刑場の丘で首を斬り落とされました。ところが、ディオニュシウスは斬り落とされた首を拾って、それを小脇に抱えると、そのまま丘から麓《ふもと》へと歩き始めました。その光景を目にした群衆の中には、司教が連行された時に彼を罵倒した夫人もいました。

「これは神の奇跡です！　わたしはイエス・キリストを信じます！」

絶叫した夫人は近くにいた異教徒に斬首され、改宗と同時に殉教しました。

自分の首を抱えて歩き続けたディオニュシウスは、まさにホラー映画の世界です。あまりの光景に兵士たちも彼を制止することができず、群衆は彼に従ってぞろぞろと歩きました。やがて、ある場所まで来たところで、ディオニュシウスは息絶えました。その場所にディオニュシウスの墓がつくられ、その上に建っているのがサン・ドニ大聖堂で、この名は彼のフランス語名（サン・ドニ＝聖ドニ）に由来します。なお、英語名はデニスとなります。また、ディオニュシウスが斬首された丘は「殉教者の山」という意味のモンマルトルと命名され、こんにちではパリの観光名所となっています。

いかに神の奇跡があったとしても、首を斬られた死体が長距離を平然と歩くというのは考えにくいです。斬首の際に首がうまく斬れないことはあったようですので、もしかしたら、うまく首が斬れず、生きたまま少し歩いたできごとを目撃した人たちが、その話を大げさに広めたのかもしれません。ありえない、と断定するのは簡単ですが、斬り落とされた自分の首を持って歩いたという伝説を持つ聖人は何人もいるので、なにかそうした伝説が生まれるきっかけとなった事件はあったのかもしれません。

ふたりの聖女が時を超えて共鳴しつつ殉教

皇帝デキウスによる迫害が続いていた3世紀、ローマ帝国領シチリア州（シチリア島）の総督クィンティアヌスは、カタニア市の貴族の美しい娘アガタに恋し、彼女を自分のものにしたいと願い、求愛しました。ところがアガタが応じなかったので、クィンティアヌスは彼女を娼館《しょうかん》に閉じ込めます。娼婦《しょうふ》たちによってアガタを堕落《だらく》させることがねらいでしたが、聖女のイエス・キリストへの信仰は、まったく揺らぎませんでした。

クィンティアヌスは兵士にアガタを殴らせ、拷問を加えましたが、聖女が屈しないので、ついに彼女の乳房を斬り落とさせます。それでもアガタは動じませんでした。

「あなた自身も母親の乳房を吸ったのでしょう。恥ずかしくないのですか？」

傷つけられたまま牢獄に入れられたアガタのところへ、夜中に使徒ペトロの霊が現れて彼女の傷を癒すと、乳房も元通りになりました。クィンティアヌスはアガタが奇跡で完治したことに動揺し、自身の不安を覆い隠すように狂気を暴走させます。

「焼けた石炭の上に陶器《とうき》の破片を敷きつめ、その上に、この女を全裸で転がせ！」

処刑人たちが命令を実行した瞬間、大地震が発生して、町は倒壊し、クィンティアヌスの腹心《ふくしん》ふたりが押しつぶされて死にました。アガタは拷問を受けながら祈り続け、殉教しました。日本にもアガタさんという名前は存在しますが、世界的に有名な推理小説作家アガサ・クリスティーは「キリストの聖女アガタ」という意味の名前です。

聖アガタの死から半世紀ほどが経過した4世紀初頭、シチリア島の南東部シラクサ市に、イエス・キリストを信じる乙女ルキアがいました。ルキアは病気の母親を連れてシチリア島では特に有名な聖人アガタの墓で祈ると、聖アガタが現れて母は完治し、そのことがルキアの信仰を強めました。ルキアという名前は有名な漫画の登場人物として使われていますが、その英語名のルーシーは、英語圏では人気のある名前です。

ルキアは裕福な貴族の娘でしたが、イエスの教えに忠実に貧しい人たちに財産を惜《お》しげもなく分配していました。それに気づいた彼女の婚約者は激怒し、ルキアがクリスチャンであることをシラクサ市の長官に告発しました。クリスチャンであることが発覚した者は処罰の対象となる時代が、当時は依然《いぜん》として続いていたのです。

長官はルキアの信仰を批判しましたが、逆に論破されて激怒し、命じます。

「1000人の屈強《くっきょう》な男たちを集めよ。この愚かな娘を辱《はずかし》めてやるのだ！」

1000人の男たちがルキアを動かそうとしましたが、聖女は神の力に護《まも》られ、一歩も動かせませんでした。彼らは数頭の雄牛にルキアを引かせましたが、聖女は微動だにせず、さらに魔術師が呪文を唱えても、まったく効果はありませんでした。最終的には兵士たちが彼女の喉《のど》に剣を突き刺しましたが、最期まで聖女は平然としていました。

「霊的姉アガタがカタニアの守護者となったように、わたしはこのシラクサの守護者となる役割を主《しゅ》から与えられました。イエス様の教えに平和がもたらされます」

彼女がその言葉を言い終わらないうちにローマ帝国の兵士がちょうど到着し、長官は汚職の容疑で逮捕され、ローマに連行されたのちに斬首されました。

火あぶりされている最中にも余裕を見せた聖人

3世紀のなかば、ローマ帝国の皇帝ウァレリアヌスは、ローマの神々を礼拝しないクリスチャンを弾圧し、ローマ司教（教皇）シクストゥス2世も逮捕され、斬首されました。シクストゥス2世は処刑場へ連行される前、司教を補佐する助祭ラウレンティウス（ラウレンチオとも表記されます）を呼び寄せ、信頼する彼に重要な任務を与えました。

「わたしを殺したあと、彼らは教会の財産を没収するでしょう。そうなる前に、ラウレンティウス、あなたの判断で、教会の財産を貧しい人たちに分け与えなさい」

全権を委任されたラウレンティウスは、すぐに行動し、帝国の兵士たちが現れ「教会の財産を差し出せ」と要求した時には、既に貧しい人々に分配を終えていました。ラウレンティウスは貧しい人々を連れて皇帝の前に参上し、彼らを示して言いました。

「陛下、ご覧ください。ここにいる人たちこそが、わたしたちの教会の財産です」

激怒した皇帝は、ラウレンティウスを鉄格子の上で火あぶりにするように命じます。

処刑人たちはラウレンティウスをムチで打ったあとで鉄格子の上に彼を載《の》せ、火あぶりにしました。皮膚が焼けただれても、鉄格子の上の助祭は平然としていました。

「こちら側はもうよく焼けたようですから、からだを反対向きにしてください」

処刑人が言われた通りにすると、全身を炎に包まれた聖人は、神を讃美しながら、穏《おだ》やかに息を引き取りました。火あぶりにされて殉教した聖人は何人もいますが、このラウレンティウスほど生きたまま焼かれながら平然としていた者はいません。その見事な殉教ぶりは処刑を命じた皇帝さえも感嘆させ、助祭ラウレンティウスの伝説は、後世まで語り継がれることになりました。彼の墓の上に建てられたサン・ロレンツォ・フオーリ・レ・ムーラ（城壁の外の聖ラウレンティウス）大聖堂は、ローマの7大巡礼聖堂のひとつとして現存しています。なお、ラウレンティウスという名前は日本人にはなじみがないですが、その英語名ローレンスは、欧米では人気のある名前です。

皇帝から愛され憎まれ2回殉教した美青年

ローマ帝国が4人の皇帝（東西の正帝と副帝）によって支配される「4分割統治《テトラルキア》」が始まった3世紀、東方正帝ディオクレティアヌスの親衛隊長を務めたセバスティアヌスという美青年がいました。彼は、その時代、信仰が発覚すると処刑されるクリスチャンでしたが、その事実を隠して帝国軍の中枢《ちゅうすう》にいて、逮捕され処刑されるクリスチャンたちに密かに寄り添い、彼らが殉教するまで励まし続けていました。しかし、彼を快く思わない者の密告で、ついにクリスチャンであることが発覚します。親衛隊長を気に入り厚遇《こうぐう》していた皇帝は激怒し、すぐにセバスティアヌスを呼び出しました。

「セバスティアヌスよ、こんにちまでお前をずっと重用《ちょうよう》してきたが、以前より密かにあの邪教を信仰していたというのは、まことか？　恩知らずの裏切り者め！」

セバスティアヌスは皇帝の怒りを平然と受け止め、涼しい顔で説明しました。

「わたしは、ローマ帝国と陛下の平和を願い、天の神様にお祈りしていたのです」

悪びれない親衛隊長に皇帝はさらに激怒し、セバスティアヌスは野原に立つ木に縛りつけられ、兵士たちから大量の矢を射かけられ、処刑されました。この「半裸の美青年に矢が刺さって殉教」というテーマにインパクトがあるので、多くの画家が彼の殉教を題材に作品を遺しています。ご興味のある方は、インターネットで「セバスティアヌス」と画像検索してみてください。半裸の美青年が矢で射抜かれた扇情的な絵画が、たくさん出てきます。その中には、文豪・三島由紀夫がこの聖人に扮するコスプレをして撮影した画像などもあります。なお、この聖人の英語名はセバスチャンとなります。

兵士たちはセバスティアヌスが死んだと思い、矢が刺さった彼を放置したまま退散しましたが、彼はまだかすかに息があり、クリスチャンたちの介抱で、一命をとりとめました。回復したセバスティアヌスは、危険を顧《かえり》みず、皇帝の前へ現れます。

「セバスティアヌス……貴様！　矢で射られて死んだのではなかったのか⁉」

「陛下をおいさめするために、主《しゅ》イエス・キリストがわたしを死の淵から呼び戻してくださいました。陛下、どうかクリスチャンたちへの迫害をおやめください」

しかし、セバスティアヌスの懸命の訴えは狭量な皇帝の心を動かせませんでした。皇帝はセバスティアヌスを今度は撲殺させ、完全に死を確認したあと、遺体を暗渠《あんきょ》に破棄させました。その夜、あるクリスチャンの夢にセバスティアヌスが現れて自分の遺体の場所を教え、彼の亡骸《なきがら》は丁重に弔《とむら》われました。彼の墓の上に建てられたのがサン・セバスティアーノ聖堂で、ローマの7大巡礼聖堂のひとつとなっています。

哲学者50人を論破し皇帝から求愛された才媛

4世紀、広大なローマ帝国が4人の皇帝（東西の正帝と副帝）たちによって統治されていた「4分割統治《テトラルキア》」の時代に、西方正帝マクセンティウスは、自分の領土で暮らすクリスチャンたちにローマの神々への礼拝を強要し、逆らう者は処刑していました。これに異を唱えたのが、アレクサンドリア総督の娘、カタリナでした（英語名キャサリン、フランス語名カトリーヌ、ロシア語名エカテリーナなど、各国で人気の名前です）。

カタリナは皇帝に面会を求め、「どうしてあなたは石でつくった偶像を信じ、人々にそれを拝ませ、天地を創造した唯一の神様から目を背《そむ》けているのですか」と毅然《きぜん》と迫りました。幼い頃から英才教育を受け、あらゆる学問に精通していたカタリナに言い負かされた皇帝は、国中から名高い哲学者を50人集め、カタリナと対決させます。

「あの小娘を見事に言い負かした者には、望むものをなんでも与えよう」

皇帝命令で強制的に呼び出された哲学者たち50人は「どうしてわれわれが、年端《としは》もいかぬ小娘ごときと真剣に議論せねばならんのだ」と、最初は露骨《ろこつ》に不満を述べていました。ところが、いざカタリナと対決すると、全員が見事に論破され、彼らはそろってキリスト教に改宗してしまいます。まさかの結末に激怒した皇帝は、哲学者たちを全員処刑し、カタリナに「我が王妃となれ」と命じますが、あっさり拒まれました。

「わたしは天の王であるイエス様の花嫁です。人間の王に嫁《とつ》ぐことはできません」

皇帝はカタリナを牢獄に監禁しますが、皇帝の留守のあいだに皇后や兵士たちがカタリナを密かに訪れ、次々にクリスチャンに改宗しました。王は、腹心の提案で刃のついた4つの車輪でカタリナを八つ裂きの刑にすることを決めますが、聖女が祈ると、車輪が爆発して、異教徒4000人が死んだというのですから壮絶です。この時の伝説から、のちにヨーロッパでは車輪の形をした拷問器具が「キャサリン・ホイール（＝カタリナの車輪）」と呼ばれるようになりました。また、同名の花火もあります。

改宗した皇后が処刑されたのに続いて、カタリナも最終的には斬首刑で殺されましたが、彼女の聖遺体は、その後、多くの奇跡を起こしたと伝えられています。ただし、このアレクサンドリアのカタリナへの崇敬は、同時代に生じたものではなく、彼女の時代から500年くらい経った9世紀になって、突然、広まったものなので、史実より伝説としての脚色が目立ち、理想を物語化した実在しない人物とも言われています。

カタリナという名の聖人は少なくとも7人いますが、14世紀に生きたシエナのカタリナは、のべ383通もの手紙を書き遺した、史実に基《もと》づいた人気の聖人です。

イタリア中部のシエナの町で、カタリナは24人兄妹《きょうだい》の末っ子として生まれました。美しい娘だったので縁談の話が多くあったのですが、本人は幼い頃から一生を神に捧げる気持ちがあり、両親の反対を押し切って聖ドミニコ会の修道女となります。

カタリナが27歳だった1374年、イエス・キリストが彼女の前に現れ、「あなたに知識と雄弁の才を与えます。指導者たちを正しい方向へ導きなさい」と告げます。カタリナはその導きを信じ、指導者たちを直接訪問したり、気持ちを込めた手紙を送り、ひとりの修道女でありながら、カトリック教会と国際政治に影響を与えました。

当時、カトリック教会はフランス王国の傀儡《かいらい》となり、教皇庁はフランスのアヴィニョンに移転されていました。教皇庁がローマに戻るきっかけをつくったのが、シエナのカタリナから教皇グレゴリウス11世に宛てた手紙であったことは広く知られています。

教皇庁がローマに戻った翌年、教皇グレゴリウス11世は死去し、ローマで新たに教皇ウルバヌス6世が選出されると、それに対抗する勢力がアヴィニョンで対立教皇を擁立《ようりつ》しました。ローマとアヴィニョンにそれぞれ教皇庁があり、ふたりの教皇が存在するという「教会大分裂」時代の始まりです。シエナのカタリナは各方面に働きかけて事態の収束を試みましたが、断食のしすぎが原因で衰弱し帰天しました。

アレクサンドリアとシエナ、ふたりのカタリナには直接的なつながりはないですが、どちらも高い知性と霊性を備えた聖女で、後進の手本となった点で共通しています。アレクサンドリアのカタリナは人々の理想が投影された聖人伝で、その伝説が現実化したかのように才媛として歴史を大きく動かしたのが、シエナのカタリナだったのです。

権力を用いて聖遺物を次々に見つけた皇帝の母

ローマ帝国が東西に正帝と副帝を置いていた「4分割統治《テトラルキア》」の時代、西方正帝の息子であったコンスタンティヌスは父の死後に、神の啓示を受けました。彼は自軍の旗と兵士たちの盾にイエス・キリストを示すギリシア語のXとPを組み合わせた紋章を描き、それを掲げて政敵を撃破し、まず西方正帝となりました。

キリスト教の神の守護で勝利できたと信じたコンスタンティヌスは、西暦313年に東方正帝リキニウスと会合し、クリスチャンの迫害を終了する「ミラノ勅令《ちょくれい》」を出します。さらに324年、リキニウスを撃破したコンスタンティヌスはローマ帝国の単独皇帝となり、彼の庇護《ひご》下《か》でキリスト教は、こんにちも続く世界最大宗教としての発展を始めます。ただし、コンスタンティヌスが受洗してクリスチャン皇帝となるのは、337年に亡くなる直前で、キリスト教は、まだ国教にはなっていませんでした。

コンスタンティヌスがローマ帝国の東西統一を推し進めていた水面下で、キリスト教の歴史において重要な役割を果たしたのが、コンスタンティヌスの母ヘレナでした。

326年頃、絶頂期にあったコンスタンティヌスの権力を借りて、ヘレナは多くの兵士を引き連れて、キリスト教の聖地エルサレムに入りました。ヘレナは現地のユダヤ人を集めると、「イエス様が十字架につけられた場所はどこじゃ?」と尋ねます。現地人は答えませんでしたが、ヘレナは彼らを火あぶりにすると脅《おど》し、答えを聞き出します。

イエスが処刑されたゴルゴタの丘には、ヘレナが訪れた当時、2世紀の皇帝ハドリアヌスが建てた女神を祀《まつ》る神殿の廃墟がありました。ハドリアヌスは、クリスチャンたちがイエスの処刑場で祈ると、女神に祈るような形となるように仕向けていたのですが、訪れる人が減り、神殿は荒廃していました。ヘレナは兵士たちに神殿を破壊させ、地中を掘り起こさせたところ、3本の十字架が発見されます。それは、イエスと強盗ふたりがつけられた十字架だとヘレナは確信しますが、どれがイエスの十字架か、見た目だけでは判断できませんでした。ちょうどその時、若者の遺体を運ぶ葬列が近くを通りかかったので、ヘレナは、その遺体を十字架の上に順番に置かせます。3つめの十字架の上に置いた時に遺体が生き返ったので、ヘレナは確信しました。

「――これじゃ！　これこそ、われらが主《しゅ》イエス様の十字架じゃ！」

さらにヘレナは、ゴルゴタの丘で司教に祈らせ、地中で光った4本の釘を見つけ、それこそがイエスを十字架に打ちつけた「聖釘《せいてい》」であるとして、持ち帰りました。その場所に建てられているのが、現在の聖墳墓《せいふんぼ》教会の場所となります。また、ヘレナは、兵士ロンギヌスがイエスを刺した「聖槍」（56ページ参照）も見つけたとされており、聖槍とイエスの聖十字架は、サン・ピエトロ大聖堂に保管されています。

神からも悪魔からも愛された砂漠の隠修《いんしゅうし》士

3世紀なかば頃に生まれたアントニオス（アントニオとも表記され、英語名はアントニー）は20歳くらいの時に全財産を貧しい人々に分け与え、みずからは砂漠で孤独にキリスト教の信仰と向き合う「隠修士」としての生活を始めました。砂漠での修行時代、悪魔は美女の姿で彼を誘惑したり、猛獣の姿で彼に襲いかかってきたり、さまざまな形で彼の精神修行の邪魔をしました。それは精神的な攻撃だけでなく、彼の肉体をも傷つけ、死にかけたことも何度もありました。かつて荒れ野で修行したイエス・キリストでさえ、悪魔からそれほどの攻撃は受けませんでした。悪魔がアントニオスを愛している、と思えるほどそれは執拗《しつよう》な攻撃で、多くの絵画の題材となっています。

アントニオスが悪魔との戦いで傷つき、横たわっていると、イエス・キリストが現れて、彼に柔和《にゅうわ》に微笑みかけました。アントニオスは「主《しゅ》よ、あなたはどうして今まで助けてくださらなかったのですか」と、思わず問いかけます。イエスは答えました。

「アントニオスよ、あなたの悪魔との戦いがあまりにも勇敢なので、わたしは、それを見ていたかったのだ。あなたは立派な戦いをした。悪魔と真っ向から戦い勝利した男として、あなたの名は、これから広く世界に知られることになる」

アントニオスは、砂漠で孤独に修行したかったのですが、イエスの言葉通り、彼の名声は広がり、彼の弟子になりたいという希望者は、あとを絶ちませんでした。そんなアントニオスと彼の弟子たちが4世紀初頭にゆるやかな共同生活を始めたことが、キリスト教の修道院制度の起源のひとつとされています（さらに制度化されたものとしては、西暦320年頃に隠修士パコミウスが始めた修道院が始祖だとされています）。

その後、ローマ帝国の皇帝コンスタンティヌスがキリスト教を擁護《ようご》するようになり、クリスチャンが迫害される大殉教時代は終わりました。教会が帝国から優遇されるようになると、今度は内紛が生じ、イエス・キリストは「父なる神」につくられた存在だとする「アリウス派」と、「父なる神」と同様に最初から存在していたとする「アタナシウス派」の大論争が巻き起こります。アントニオスは世俗的な争いから離れていたかったのですが、アリウス派が「あの偉大なアントニオスも、われわれの説を指示している」と嘘を広めたため、誤解を解くために、旧知の司教アタナシウスの依頼で議論の場に担《かつ》ぎ出されました。現役同士で意見が対立した時に、隠居していた超大物が政治的に利用されるという構図は、今も昔も変わらない、ということです。アントニオスの証言によりアリウス派は論破され、アタナシウス派が最終的に正統な教義と定められました。

砂漠の隠修士アントニオスは、神からも悪魔からも人からも愛され続けたのですが、本人が希《き》求《きゅう》していた孤独とはずっと無縁な人生だったのは、皮肉だと言えるかもしれません。キリスト教が皇帝によって擁護され、ローマ帝国内での存在感を増し続ける中、アントニオスは西暦３５６年に１０５歳で最後は安らかに帰天しました。

第4章

中世教会で伝説となった聖人たち

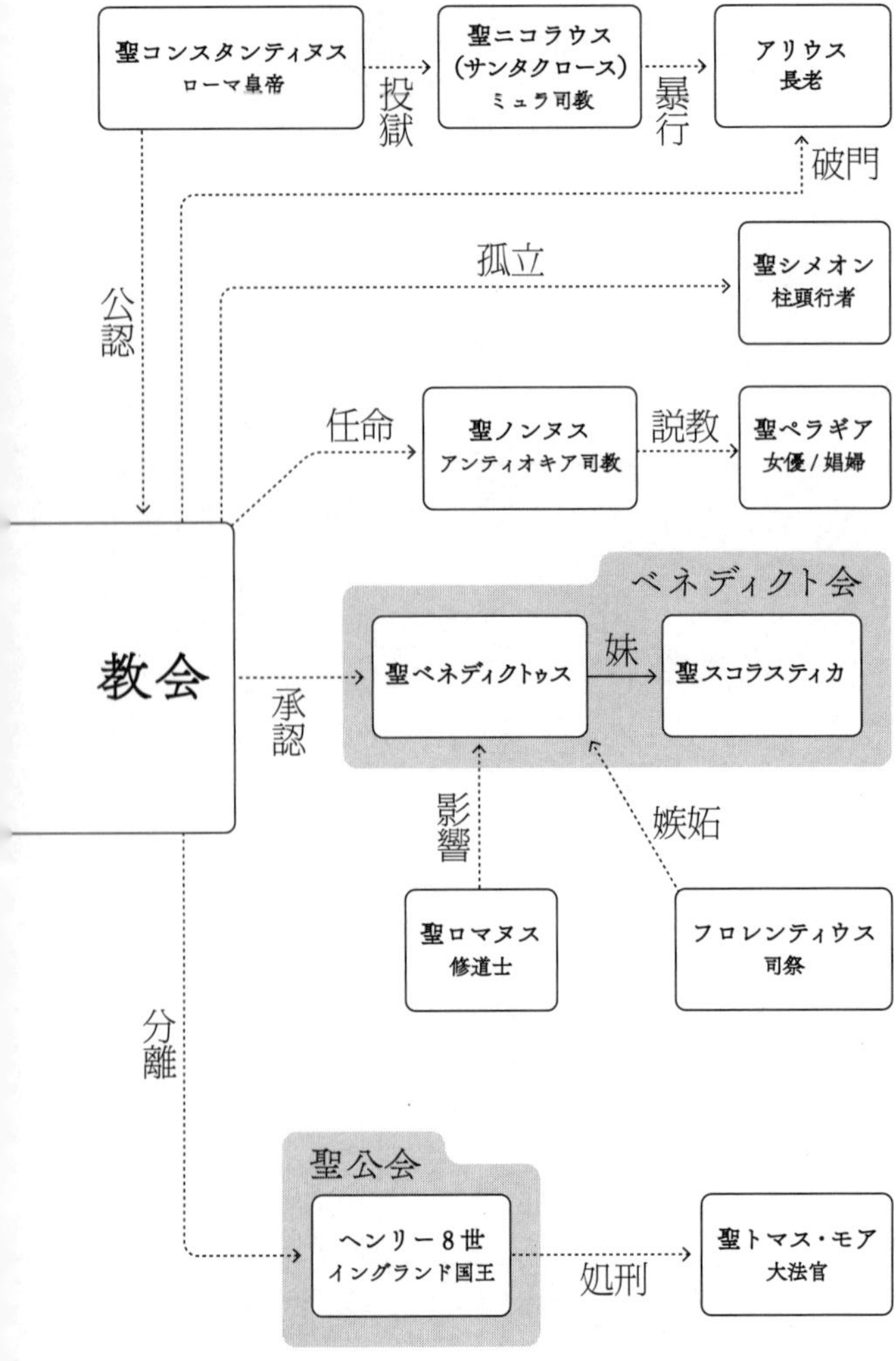
聖コンスタンティヌス
ローマ皇帝
投獄
聖ニコラウス
(サンタクロース)
ミュラ司教
暴行
アリウス
長老
破門
公認
孤立
聖シメオン
柱頭行者
任命
聖ノンヌス
アンティオキア司教
説教
聖ペラギア
女優/娼婦
教会
ベネディクト会
聖ベネディクトゥス
妹
聖スコラスティカ
承認
影響
嫉妬
聖ロマヌス
修道士
フロレンティウス
司祭
分離
聖公会
ヘンリー8世
イングランド国王
処刑
聖トマス・モア
大法官

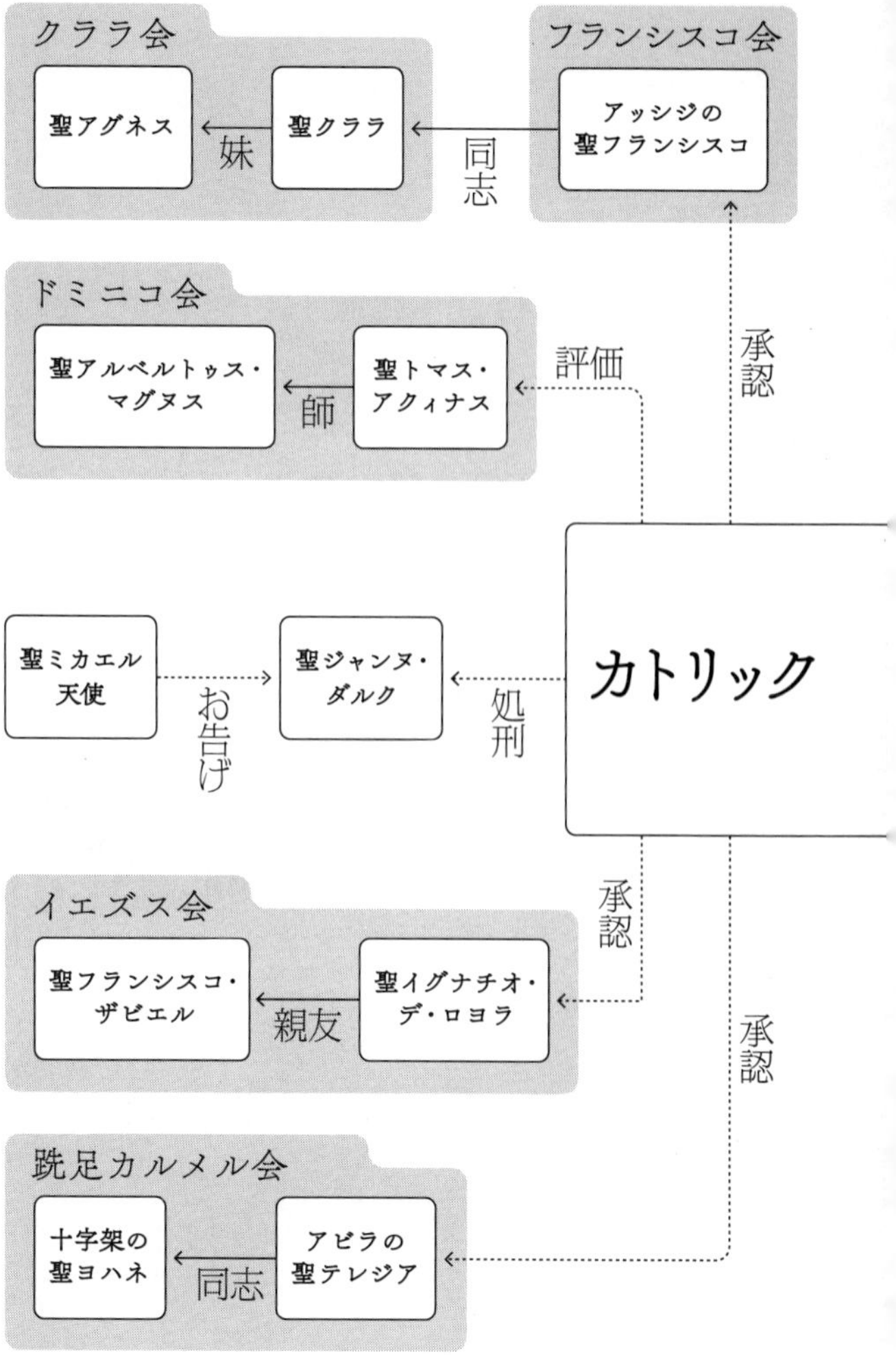
クララ会
聖アグネス
妹
聖クララ
同志
フランシスコ会
アッシジの聖フランシスコ
承認
ドミニコ会
聖アルベルトゥス・マグヌス
師
聖トマス・アクィナス
評価
聖ミカエル天使
お告げ
聖ジャンヌ・ダルク
処刑
カトリック
承認
イエズス会
聖フランシスコ・ザビエル
親友
聖イグナチオ・デ・ロヨラ
承認
跣足カルメル会
十字架の聖ヨハネ
同志
アビラの聖テレジア

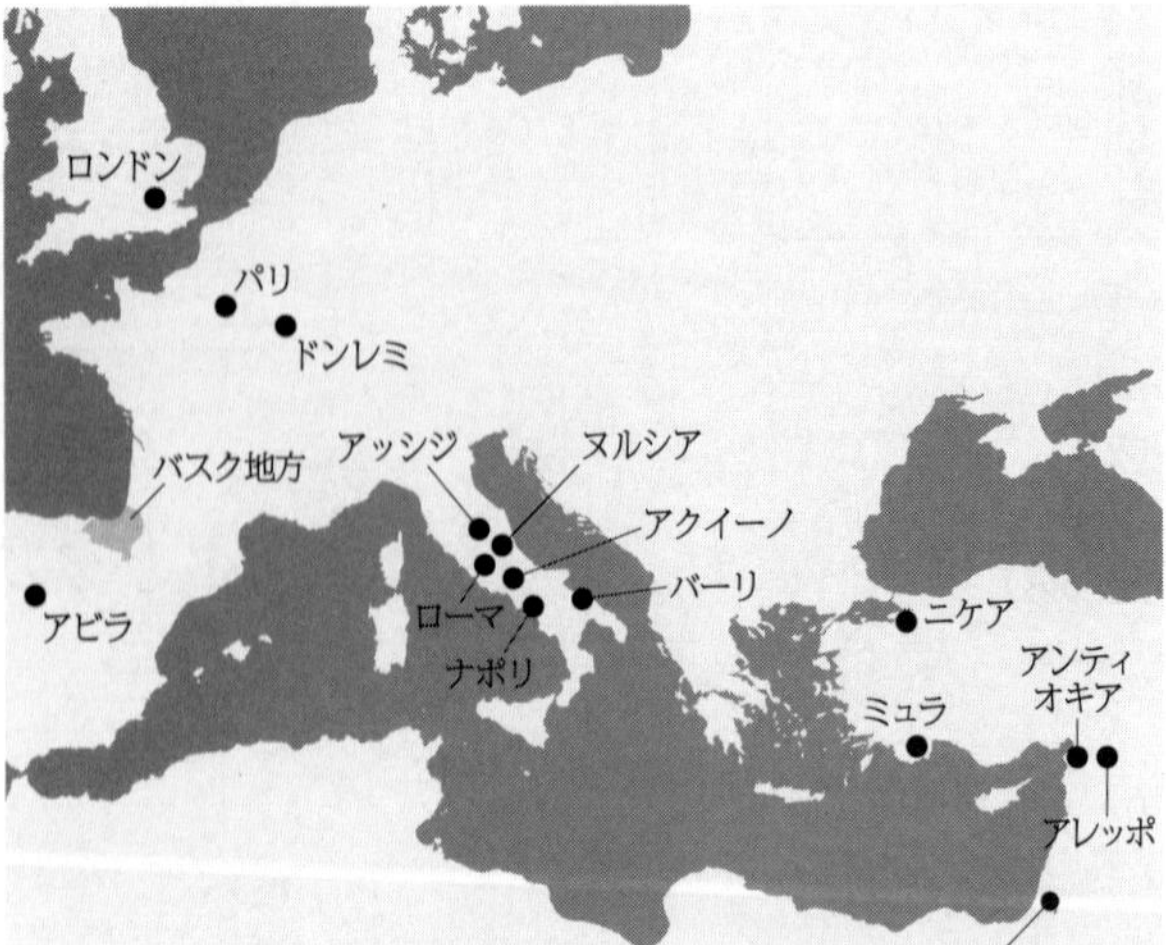
ロンドン
パリ
ドンレミ
バスク地方
アビラ
アッシジ
ヌルシア
アクイーノ
ローマ
バーリ
ナポリ
ニケア
アンティ
オキア
ミュラ
アレッポ
エルサレム

会議中にキレすぎて投獄されたサンタクロース

ローマ帝国の皇帝コンスタンティヌスがクリスチャン弾圧を中止、キリスト教を擁護《ようご》したことで、ずっと迫害されていた教会は急速に発展を始めます。それまでのクリスチャンたちは人目を避けて地下墓地《カタコンベ》でひっそりとミサ（聖餐式《せいさんしき》）を行《おこな》っていたのですが、皇帝の援助で荘厳《そうごん》な教会が次々に建てられ、聖職者たちは豪奢《ごうしゃ》な衣装を身にまとうようになりました。そして、外敵の脅威《きょうい》が消えた教会では、今度は内紛が始まりました。第３章最後の話で述べたように、教義をめぐってアリウス派とアタナシウス派が激しく対立を始めたのです。この問題に決着をつけるため、キリスト教の歴史上初めて、各地の司教を集めて議論を戦わせる公会議が西暦３２５年に開催されました。この時の会議はニケアという土地で開催されたので、第１ニケア公会議と呼ばれています。

公会議の参加者は、各地から集められた３００人以上もの司教たちで、当時まだ受洗していなかった皇帝コンスタンティヌスが議長を務めました。参加者の中には、のちに「サンタクロース」と呼ばれて世界中から愛される、司教ニコラウスもいました。

ニコラウスは、のちにキリスト教の全教派で正統となるアタナシウス派（＝イエスは「父なる神」とともに最初から存在していた、という考え方）を支持し、アリウス派（＝イエスは「父なる神」につくられた存在である、という考え方）を快く思っていませんでした。公会議の議決権を持つのは司教だけで、アリウスは司教ではなかったので、議決権はありませんでしたが、アリウス派のリーダーとして同席していました。議決権を持たないアリウスが、おそらくなにか挑発的な言葉を吐いたのでしょう。本書のまえがきでも述べたように、多くの慈善活動で知られる立派な人物であったはずのサンタクロースが、この会議中にアリウスと口論になった末、彼を平手打ちにしました。

「アリウスよ、貴様の主張はイエス様への冒瀆《ぼうとく》だ！　断じて聞き捨てならん！」

平手ではなく握《にぎ》り拳《こぶし》で殴ったという説もあり、その時の光景を描いた絵画が何枚も存在しています。つい熱くなってしまったニコラウスは、冷静に議論すべき公会議の場を彼こそ冒瀆したとして、皇帝により司教職を剥奪《はくだつ》され、投獄されてしまいます。

今では全世界で愛されているサンタクロースが、会議でキレすぎて投獄されていたというのはショッキングな話ですが、それはもちろん例外的なエピソードで、生涯を人助けに捧げた彼を神は見捨てませんでした。投獄された夜中、サンタクロースの囚《とら》われた牢獄にイエス・キリストと聖母マリアが現れ、彼は皇帝に没収された祭服をふたたび与えられて、司教として復権することをゆるされたのです。現実的に考えると、サンタさんの夢を見た翌朝、子供の枕元にプレゼントが出現するように、牢獄でイエスとマリアの夢を見て目覚めたニコラウスの枕元に彼を慕《した》う者たちが祭服を置いておいたのかもしれませんが、そんな仮説は野暮《やぼ》で、サンタクロースには、ふさわしくないでしょう。

第1ニケア公会議の参加者リストは複数残っていて、ミュラの司教ニコラウスの名が含まれるものと、含まれていないものがあります。そのため、ニコラウスは本当は参加しておらず、後年に名前が追加されたとする説もありますが、暴行事件で投獄されたことによって当時のリストから除外された可能性もあるかもしれません。

ニコラウスが亡くなったあと、その棺《ひつぎ》は彼が司教を務めていた、トルコ南西部のミュラの教会に眠っていました。同地がイスラム教徒たちに侵略された時に遺体はイタリア南東部のバーリの町に移され、そこに建てられた聖ニコラウス大聖堂は、サンタクロースの聖地として、世界中から多くの人々が巡礼しています。ニコラウスは船乗りたちの支援もしていたことから「船乗りの守護聖人」と見なされるようになり、航海が重要な交通手段であった時代に人々から信仰され、彼の人気は高まりました。

高い柱の頂上で37年も暮らし観光地化した聖人

ローマ帝国で最初は迫害されていたキリスト教が容認され、勢力を急拡大するにつれて、利権を求める者たちが聖職者の地位を奪い合い、都市の教会は腐敗しました。その一方、真摯《しんし》に信仰と向き合うことを願う者たちは砂漠で孤独に修行する隠修士《いんしゅうし》となりました。そんな隠修士たちが次第に共同生活するようになったのが修道院制度のはじまりですが、あくまで孤独を貫き、いつまでも群れるのを嫌った者たちもいました。中でも特筆すべきは「柱頭行者《ちゅうとうぎょうじゃ》」や「登塔者《とうとうしゃ》」（英語名スタイライツ）と呼ばれるシメオンです。シリアのアレッポの近くに立てた高い柱の上の非常に狭いスペースで37年も生活したことから、彼は「柱頭行者」と呼ばれるようになりました。それ以前にそんな生活をした者は知られておらず、彼自身が発明した、それは修行の新ジャンルでした。

シメオンは10代前半の頃、最初は修道院に入り、極端に禁欲的で過激な独自の苦行を続けました。彼がヤシの葉をねじってつくった縄《なわ》で全身を縛ったところ、それが肉に食い込んで死にかけたことがあります。その時は、修道士たちが液体で縄を柔らかくして切り裂くという治療を3日も続ける必要がありました。生還したシメオンは、「お前のように過激な修行を好む者に共同生活は無理だ」と、追放されてしまいます。

修道院を追われたシメオンは、以後しばらく崖《がけ》のような狭い空間で、ひっそりと苦行を重ねながら暮らしていましたが、いつしか「だれよりもストイックな修行者」という彼の噂が広がり、弟子になることを希望する者が殺到したため、逃げ出します。

その後、シメオンは訪問者に修行の邪魔をされないように、高さ3メートルの柱の上で4年間、生活しました。彼は人々から隠れているつもりでそうしたのですが、逆に目立ってしまい、彼を訪ねる人が途切れませんでした。努力する方向を勘違いしたままエスカレートさせて、シメオンは、次に高さ6メートルの柱の上で3年、その後、高さ10メートルの柱での10年間を経て、最終的には高さ20メートルもの柱の上で20年も暮らすことになりました。支援者が運んできた食事を吊り上げて食べていたようです。柱の頂上には手すりがついて、シメオンは基本的に、ずっと立ったままでした。

最初は訪問者を避けるために柱に上る決断をしたはずなのに、皮肉にもその前代未聞の修行方法によって彼のカリスマ性が際立ち、シメオンは終生、彼の希望とは反対に、多くの弟子志願者を魅了し続けることになります。シメオンの柱は観光地化して、彼の指導を求めたクリスチャンたちやローマ帝国の皇帝、異教徒たちまでもが毎日見物に訪れたそうです。柱の上での生活を37年続けた西暦459年9月1日、シメオンは最後は立ったまま亡くなり、ようやく柱から下ろされ、近くに埋葬されました。

シメオンが発明した「柱頭行者」という斬新な修行ジャンルは、その後、多くのフォロワーを生み出し、彼のほかに同名の「柱頭行者シメオン」が3人います。本家は「大シメオン」、ふたりめは「小シメオン」、3人めは「柱頭行者シメオン3世」、4人めは「レスボス島の柱頭行者シメオン」と、それぞれ呼び分けられています。

回心して修道士として生きた遊女が伝説に

5世紀のアンティオキアで女優として名を成したペラギアは、娼婦《しょうふ》でもあり、高価な宝石を身につけて美しく着飾り、たくさんの使用人を抱え、何人もの愛人たちと自堕《じだ》落《らく》な生活を送っていました。ある時、聖人の墓の前で司教ノンヌスが集まったほかの司教たちに説教をしていると、多くの取り巻きを従え、扇情的なドレスに身を包んだペラギアが優雅に通り過ぎました。現世の欲望を具現化したような彼女の華やかな姿を正視できず、司教たちは思わず目を逸らし、ノンヌスは、悪魔に愛された美女ペラギアの威《い》勢《せい》に比べて自分たちの宣教活動の停滞が情けなくなり、涙を流して、叫びました。

「全能の神様、わたしの力が及ばぬばかりに、あのように罪深い女を野放しにし、男たちを誘惑させ、この世に罪を蔓延《まんえん》させていることをおゆるしください」

この時のノンヌスの魂の叫びが神に聞き入れられたのか、後日、アンティオキアの教会でノンヌスが説教しているところに、たまたまペラギアが居合わせました。ノンヌスは、あの時の遊女が会衆にいることに気づいて、彼女の罪深い魂が救われるように願いながら、心を込めて語りかけました。教会の中にはたくさんの会衆がいましたが、その時のノンヌスは、ペラギアただひとりに語りかけている気持ちでした。

どれほど優れた説教者でも、たった1回の説教で罪びとを回心させるのは容易《ようい》ではないはずです。しかし、神の働きも介入したのか、ノンヌスのこの説教は、それ以前は自分の不品行《ふひんこう》を省みたことのなかったペラギアを奇跡的に回心させました。

　今まで自分が送ってきた自堕落な生活を心から悔い改めたペラギアは、蓄えていた全財産を貧しい人たちに惜《お》しみなく分け与えます。さらに、その後は「ペラギウス」という男性名を名乗り、エルサレムのオリーヴ山の小さな庵《いおり》で隠修士として暮らし始めるようになります。山奥で孤独な修行生活を送る隠修士ペラギウスの名声は次第に広がりますが、彼が男性に扮《ふん》した女性であることはだれにも知られませんでした。隠修士ペラギウスが亡くなり、彼を埋葬する時に、女性であったことが初めて発覚したのです。回心後は敬虔《けいけん》に生きたペラギアと彼女を回心させたノンヌスは、聖人に認定されています。

　このペラギアの逸話は、彼女が女優として「マリナ」あるいは「マルガリタ」と名乗っていたことから、架空の人物マリナ（あるいはマルガリタ）の聖人伝に分裂し、別の時代と場所の聖人の物語として語り継がれていくことになりました。

　聖人伝の中でも「修道士処女《モナコパルテノス》」と呼ばれるそれらの物語では、神に人生を捧げた処女が男に変装し修道院で暮らし始めたところ、修道士でありながら女性を妊娠させた疑いをかけられ、周囲に罵倒されながら、いっさい弁解しなかったため追放されます。その後、徳の高い生活を続けたことでゆるされ、亡くなった時に初めて女性であったことが発覚し、女性を妊娠させた罪は、まったくの濡《ぬ》れ衣《ぎぬ》であったことが判明する——という筋書になっています。その魅力的な話は時代を超えて人気を集め、日本でも芥川龍之介が小説「奉教人の死」で、この修道士処女《モナコパルテノス》の物語を描いています。

修道士たちから何度も毒殺されかけた修道院長

西暦480年頃にイタリアのヌルシア（現在のノルチャ）で貴族の家に生まれたベネディクトゥスは、最初、ローマで学びましたが、そこでの生活は彼を霊的に満たすことがありませんでした。自分の精神的渇望《かつぼう》を満たしてくれる体験を求めて旅に出たベネディクトゥスは、旅の途中で出会った修道士ロマヌスから助言とサポートを受け、崖《がけ》の中にある洞窟《どうくつ》で、隠修士として独《ひと》りで精神修行することになりました（この時、ベネディクトゥスを導いた功績から、ロマヌスも聖人に認定されています）。

ベネディクトゥスは、彼のもとに物資を運ぶロマヌス以外にはほとんど会うことがありませんでしたが、そうした隠修士としての厳格な姿勢がいつしか人々の噂となり、ある修道院の空席になった院長に彼を迎えたい、という声が高まりました。

「わたしが理想とする修行方針に、あなたたちが従ってくれるとは思えない」

ベネディクトゥスは、彼を誘いに来た者にそう言って拒んでいましたが、その修道院の修道士たちが「なにがあってもあなたの命令に絶対服従しますから、どうか院長になってください」と懇願し続けたので、最終的には渋々《しぶしぶ》ながら引き受けました。

ところが、あらかじめベネディクトゥスが何度も念を押していたにもかかわらず、彼が定めた厳格な規則に修道士たちはすぐに音《ね》を上げ、自分たちが懇願して迎え入れたはずの修道院長を、なんとか排除したいと考えるようになります。

なんとも身勝手な話ですが、似たような話は現代社会でもよく耳にします。外部から新しく迎える上司に都合の良い理想を投影していた部下たちは、その人物が期待外れであった時に、反旗《はんき》を翻《ひるがえ》すことは珍しくないのです。それでも、現代社会においては、嫌いな人物を排除する際にも最低限のルールはあるのに対して、6世紀の修道院は外界から隔絶した閉鎖社会でしたので、なんでもありでした。

クリスチャンとは思えない行動ですが、修道士たちは、ぶどう酒の入った杯に毒を混ぜてベネディクトゥスに飲ませようとしたのです。彼らは本気でした。

毒入りのぶどう酒を飲む前、ベネディクトゥスが神に祈り十字を切ると、杯がまっぷたつに割れてしまいます。蒼褪《あおざ》めた顔になる修道士たちを見回し、彼は言いました。

「兄弟たち、わたしのことがそんなに邪魔なら、わたしはここを去りましょう」

ベネディクトゥスは修道院を去り、また荒れ野で独《ひと》り修行を始めました。やがて、いくつもの奇跡を起こした彼はふたたび人々の評判となり、多くの弟子志願者が彼のもとに集まり、ベネディクトゥスは12の修道院を創設することになります。

その後も順風満帆《まんぱん》ではなく、ベネディクトゥスの高まり続ける名声を妬《ねた》み、一方的なライバル心を持つフロレンティウスという司祭がいました。フロレンティウスはベネディクトゥスを毒殺しようとしたり、ベネディクトゥスの修道院に若い女性7人を送り込んで全裸で踊らせて修道士たちを誘惑させたりしました。ベネディクトゥスは自分が修道院にいる限り、粘着《ねんちゃく》司祭フロレンティウスからの執拗《しつよう》な攻撃が続くと考え、またしても修道院を去る決意をします。ベネディクトゥスの寂しげな背中が修道院から遠ざかるのを見ながら、フロレンティウスは拳を天に突き上げて快哉《かいさい》を叫びます。

「ようやくあの目ざわりなジジイを追い払えた。これからは、オレの時代だ！」

しかし、次の瞬間、不思議な力で建物が倒壊して彼は圧死しました。フロレンティウスの死でベネディクトゥスは呼び戻され、以後は平穏に暮らし、彼が創設したモンテ・カッシーノの修道院で西暦５４７年3月21日に、安らかに帰天しました。

ベネディクトゥスが定めた修道院の規則は、彼の創設したベネディクト会のみならず他の修道会でも広く採用され、以後、12世紀までヨーロッパで唯一の修道会規則となったことから、ベネディクトゥスは「西方修道院の父」と見なされました。

また、ベネディクトゥスの双子の妹スコラスティカも兄同様に霊的資質に恵まれ、モンテ・カッシーノ修道院の近くに女子修道院を創設し、聖人と認定されています。

霊視の奇跡でテレビの守護聖人となった聖女

13世紀にイタリアのアッシジで活動したフランシスコ（フランチェスコとも表記されます）は、並外れた清貧《せいひん》と自然や動物も含めた世界そのものへの強烈な愛情で修道会フランシスコ会を誕生させ、大きく発展させました。アッシジの聖フランシスコは、キリスト教の歴史上、もっとも偉大な聖人のひとりとして必ず真っ先に名が挙がり、他宗教からも広く崇敬されている人物ですが、彼のかたわらで生涯を送ったクララ（キアラとも表記され、英語名はクレア）も、人気の聖人のひとりです。

西暦1194年にアッシジの裕福な貴族の家に生まれたクララは、10代の頃に13歳年上のフランシスコが路上で人々に熱い口調で説教していたのを聴いて感動し、信仰に生涯を捧げる決意をしました。両親は彼女の結婚を望んでいましたが、クララは実家を脱出します。クララを保護したフランシスコが彼女の美しい長い髪を短く刈り、それによってクララは女性として生きる人生を捨てました。当時まだフランシスコ会の女子修道院はなかったので、クララはフランシスコの導きでベネディクト会の女子修道院に入ります。クララの家族は、彼女を取り戻そうと修道院までやって来ました。

「クララ、お願いだから戻ってきて。あなたには、ふつうの人生を歩んでほしい」

そう哀願《あいがん》する家族は、クララが「わたしの人生は、もう神様のものです」と、ヴェールを取って短く刈った頭を見せると、説得は無駄だと悟って引き返しました。その後、クララの妹アグネスも姉のあとを追って女子修道院に入ると、父親は激怒して武装集団を引き連れて押しかけ、アグネスの髪を掴んで強引に外へ出そうとしました。

「お前までも修道女となることは断じてゆるさん！　戻って結婚するのだ！」

娘のしあわせを願う気持ちにも偽《いつわ》りはなく、父親は必死でしたが、同席したクララが神に祈ると妹アグネスの全身が急に重さを増し、一歩も動かせなくなりました。その不可解な現象に父親は人智を超えた力の介在を悟り、膝《ひざ》から崩れ落ちて断念しました。

フランシスコは新たな女子修道院を創設してクララが院長となり、現在のクララ会のはじまりとなります。クララの父親の死後、母親と、クララのもうひとりの妹、そして親族の女性たちは、いっせいにクララ会の女子修道院に入りました。

クララはフランシスコを常に最良の手本として模倣《もほう》していたので、「もうひとりのフランシスコ」と呼ばれることもありました。フランシスコが病臥《びょうが》した時には、クララが献身的に世話をするなど、このふたりの聖人は精神的に強く結びついていました。

アッシジのフランシスコは１２２６年に45歳で亡くなり、クララはそれから27年後の１２５３年に59歳で帰天しました。偉大なフランシスコ亡きあとは、人々がフランシスコの影をクララに重ねていましたし、クララ自身も多くの奇跡を起こした霊的カリスマでした。そのため、クララは死のわずか2年後に列聖されています。

クララの死のわずか16日後、あとを追うように亡くなった妹のアグネスは、帰天してからちょうど500年後の1753年に聖人に認定されています。

晩年、クララは病臥していてミサに参列できなかったのですが、彼女が祈ると病室の壁にミサの様子が映し出されました。このエピソードにより、聖クララは「テレビの守護聖人」と見なされています。テレビが発明される数百年前に、こんにちのテレビのような感覚でミサの映像を観ていたのが、この聖人だったのです。

周囲の妨害に負けず神学を大成させた教会博士

キリスト教史上最大の神学者と見なされることの多いトマス・アクィナスは、イタリアのアクイーノの貴族の家に西暦1225年頃に生まれました。彼の叔父は、ふたつ前のエピソードで紹介したベネディクトゥスが創設したモンテ・カッシーノ修道院の院長でした。トマスの両親は、息子が5歳の時から彼を同修道院に入れていました。ところが、神聖ローマ帝国の皇帝とローマ教皇の軍事衝突に修道院が巻き込まれたため、トマスは修道院を出て創設されたばかりのナポリ大学で学ぶことになります。その後、トマスは神学研究が盛んなドミニコ会に入会を希望しますが、家族は猛反対しました。「ドミニコ会などという得体《えたい》の知れない新興修道会に入らず、お前も将来は叔父さんのようにベネディクト会のモンテ・カッシーノ修道院の院長となるべきだろう」

子供の夢や目標に両親が反対するケースは古今東西、あらゆる場所で見られますが、のちに大業《たいぎょう》を成すトマスは、その程度で挫《くじ》ける男ではなく、密かに自宅を脱出し、ドミニコ会の支部があるローマを目ざしました。ところが、騎士の甲冑《かっちゅう》をまとって馬に乗り、従者を従えた兄ふたりが徒歩のトマスに追いつき、彼を力ずくで連れ戻します。

トマスは家族の住居である城で、塔の一室に監禁されます。トマスの父は既に亡くなっていましたが、母は泣き落としでトマスの説得を試み、食事を与えない罰も試しましたが、トマスの決心を変えることはできませんでした。母と兄たちは、トマスの鉄の信仰心を挫くために、ついには娼婦《しょうふ》を雇《やと》ってトマスの部屋に送り込み、彼を誘惑させました。女性の誘惑に負ければ、生涯独身でなければいけない修道会入りをトマスがあきらめると家族は考えたのです。トマスの考えを変えるためとはいえ、母と兄たちが彼を監禁し、その部屋に娼婦を送り込むというのは異常です。しかし、それでもトマスの決意は揺るがず、彼は監禁されている部屋にあった火のついた松明《たいまつ》を振り回して娼婦を追い払いました。その夜、トマスの夢にふたりの天使が現れ、彼に語りました。

「わたしたちは神様の命令で、あなたを天国の一員として、純潔《じゅんけつ》の衣《ころも》を着せます。これにより、あなたはもう2度と誘惑されることはなくなります」

最終的に、根負《こん》けした家族はトマスの夜逃げを黙認することになります。

その後、トマスは1245年にパリ大学に入学し、当時の神学研究において最大の権威であったアルベルトゥス・マグヌスに師事します。巨体で無口のトマスは同級生たちから「愚鈍《ぐどん》な牛」と揶揄《やゆ》されていましたが、彼の師であるアルベルトゥス・マグヌスはトマスの飛び抜けた知性の賜物《たまもの》を見抜き、教え子たちを諭《さと》すように言いました。

「きみたちは彼を見下すが、やがて全世界がその牛の声を聞くことになるだろう」

アルベルトゥス・マグヌスも、神学上の功績から聖人と認定されています。

その後、トマスは当時最高の大学とされていたパリ大学の教授となり、神学についての著作を次々と発表し始め、神学者としての名を高めます。トマスは1265年頃から彼の代表作となる大著「神学大全」を執筆し始めますが、1273年に神秘体験をしたことが原因で、執筆をやめてしまいます。1274年にトマスが帰天したあと、彼の神学はカトリックの教義に反する異端ではないかという批判が強まりますが、14世紀になると評価が回復します。1545年、カトリック教会がプロテスタント教会との対立後の方針を決めるためにトリエント公会議を開催した際、議場に置かれた本は聖書とトマス・アクィナスの「神学大全」だけだったと伝えられています。19世紀には、トマス・アクィナスの神学こそがカトリック教義の解説だとローマ教皇が宣言しました。

英雄でありながら魔女として火刑にされた聖女

西暦1412年頃、フランス東部の小さな農村ドンレミでジャンヌ・ダルクは生まれました。当時のフランスは、王位継承と領土問題をめぐって1337年から続いているイギリスとの百年戦争の渦中《かちゅう》にありました。首都パリを陥落《かんらく》させたイギリス軍はフランス北部を制圧し、フランス軍は敗色濃厚でした。ジャンヌが13歳になったある日、天使のように白く輝く人物が庭先に現れてミカエルと名乗り、彼女に告げました。

「ジャンヌよ、イギリス軍をフランスから追い出し、王太子を王として戴冠《たいかん》させなさい。それが神様があなたに与えられた使命です」

ジャンヌ自身、最初は幻覚だと思い、信じられませんでした。ですが、3年のあいだに同じお告げが何度もくり返され、彼女は、それが本当に天使ミカエルのお告げだと信じるようになります。フランスではその少し前から「武装した処女が国を救う」という預言《よげん》の噂が広がっていて、ジャンヌは、それは自分のことだと確信しました。

フランス軍の陣営をひとりで訪れたジャンヌは、お告げのことを兵士に伝えましたが、16歳の少女の話は信用されず、最初は追い返されます。それでも、ジャンヌの必死の訴えで王太子への面会がゆるされました。この時、王太子はジャンヌが本当に神の使いであるか試すために、兵士のひとりに扮して隠れていました。ジャンヌは兵士の中に並ぶ王太子に迷わず歩み寄り話しかけたと伝えられています。

フランス軍にとって防衛の最後の砦《とりで》であるオルレアンの城はイギリス軍に包囲されていました。オルレアンが陥落すれば、フランス軍の敗北は確定します。王太子はジャンヌに賭け、彼女に甲冑《かっちゅう》を着せて出陣させました。

「わたしたちには神様のご加護があります。決して負けることはありません！」

旗を掲げてフランス軍の最前線を突進する勇ましい甲冑の少女に、兵士たちは大いに鼓舞《こぶ》されました。この時、敵の的となったジャンヌの胸に矢が命中したものの、大怪我には至らず彼女がすぐに復帰したことも、さらに軍を高揚《こうよう》させました。

「ジャンヌは、まことに神より選ばれし乙女《おとめ》！　主《しゅ》のご加護は、われらにある！」

神の加護を確信した兵士たちは、オルレアン城を包囲していたイギリス軍を怒涛《どとう》の勢いで撃破することに成功します。その後もジャンヌを先頭に立てたフランス軍は連戦連勝し、劣勢を覆《くつがえ》しました。王太子が即位して新国王シャルル7世となった時、功労者のジャンヌは国王の側近としてとなりに控える特別待遇をゆるされたほどでした。

ジャンヌは、その勢いのままパリ奪還を目標にしていましたが、イギリス軍に捕らえられ、監禁されます。宗教裁判にかけられたジャンヌは、天使のお告げは錯覚であったと証言するように強要されますが、拒んだため魔女として1431年5月30日に火刑に処され、その遺灰はセーヌ川に棄てられました。当時のキリスト教では、生前の遺体が遺されていないと、この世の終末に待つ「最後の審判」の時に復活できないと信じられていたので、火刑も遺灰の廃棄も、クリスチャンにとっては究極の罰でした。

1453年、フランスの逆転勝利で百年戦争が終結すると、ジャンヌこそ最大の戦功者だったと彼女を再評価する声が高まります。1456年の裁判で「ジャンヌは無罪であった」と生前の判決が覆された時、彼女の死から四半世紀が経過していました。ジャンヌは1920年に列聖され、今ではフランスの守護聖人と見なされています。

国王の改宗に捨て身で抵抗し処刑された宰相

イギリスのロンドンで弁護士から判事となった父のもとに1478年に生まれたトマス・モアは、幼少期から当時の最高水準の教育を受け、本心では修道士として生きる憧れを持ちながらも父の希望で弁護士となり、のちに政治家となります。

1505年に最初に結婚した妻は、6年の結婚生活のあいだに4人の子供を産みましたが1511年に若くして亡くなりました。それからひと月も経たずにトマスが再婚したことは周囲から「非常識だ」と批判されましたが、彼は一貫して誠実な生き方をしていたので少しずつ理解され容認されました。レイディ・モアとして知られる再婚相手のアリスは、その2年前に夫を亡くした未亡人で、彼女も連れ子がひとりいました。トマスは息子たちと同様に娘たちにも最高の教育を受けさせ、当時それはまだ珍しいことでした。トマスの娘たちの優秀さは人々を驚かせ、彼に倣《なら》う者が増えました。

1504年に初めて議員に選出されたトマスは、堅実に実績を重ねて政治家として頭角《とうかく》を現します。彼はイングランド国王ヘンリー8世の腹心《ふくしん》となり、王から信頼されて愛され、1529年には官僚として最高位である大法官の地位にまで昇り詰めます。

当時は腐敗したカトリック教会に抵抗するプロテスタントの宗教改革が勢いを増していた時代で、トマスは異端者を何人も火刑にしたという説もありますが、本人は「異端者は監禁しただけで体罰は加えていない」と自著に記しています。

国王ヘンリー8世も元は敬虔《けいけん》なカトリック信徒でしたが、彼は最初の妻とのあいだに男子ができないことから離婚を考え、腹心のトマスに相談します。国王としては、自分の右腕トマスなら賛成してくれると期待していましたが、期待は裏切られました。

「陛下、そのお考えには同意できません。カトリックでは離婚は禁じられています」

ヘンリー8世は「そう言うが、お前は2回結婚しているではないか」と反論しましたが、トマスの場合は最初の妻と死別し、再婚相手も未亡人だったので離婚したわけではありません。ヘンリー8世は、国民の信望があるトマスが賛同してくれれば強引に離婚できるはずと期待したのですが、思惑《おもわく》が外れた王は最大の忠臣を切り捨て、暴走を開始します。彼は自分の離婚と再婚を正当化するためにローマ教皇を長とするカトリック教会から離脱し、イングランド国王を長とする「英国国教会」を新たに創設する、という前代未聞の決断をしたのです。アングリカン・チャーチという名前でも知られるこの教会は、「聖公会《せいこうかい》」の名で広く知られるプロテスタントの最大教派のひとつです。離婚の件をのぞけば、ヘンリー8世は元々カトリックに不満はなかったので、聖公会はカトリックとプロテスタント両方の性質を備えた教派だと言われることもあります。

たとえ国王の主張が間違っていると確信していたとしても、逆らえば処刑されることがわかっていて反対し続けるのは、強い信念と信仰がない限り不可能だったでしょう。トマス・モアは、古代の殉教聖人たちのように、揺るぎない信仰を持ち、最後まで王に抵抗し続けました。ヘンリー8世はトマスをロンドン塔に幽閉《ゆうへい》し、斬首刑に処します。この処刑は、のちに「イギリス史上最悪の犯罪」と評されることになります。

処刑されることを承知で国王を捨て身で諭《さと》し続け、純粋な信仰を貫いたトマス・モアは、死の400年後の1935年、カトリック教会から聖人に認定されました。

戦闘時の負傷がきっかけで霊的に覚醒した改革者

1491年、スペインとフランスにまたがるバスク地方のロヨラ城で生まれ育った青年イニゴは、ファッションセンスがあり、フェンシングとダンスが得意で、女性たちとも親しく交わっていました。いくつかの物語で読んだ騎士の生き方に憧れた彼は、17歳で軍隊に入ると、全身にフィットする軍服を着こなし、マントをたなびかせて、颯爽《さっそう》と闊歩《かっぽ》していたようです。単なるナルシストではなく、華のある人物だったようで、洗練された物腰で、生涯を通じて周囲の人たちを魅了していたと伝えられます。

イニゴは、いくつかの戦闘に参加して活躍し、軍人として生きるつもりでした。ところが、30歳の時、戦闘中に砲弾が右脚に命中して重傷を負います。当時は麻酔がない時代で、複数回の外科手術でなんとか粉砕《ふんさい》された右脚の骨をつなげましたが、医療技術が発達していない時代なので、右脚のほうが少し短くなってしまい、彼は生涯、足を引きずって歩くことになり、軍人の道は断念するしかありませんでした。

数度の大手術と、以後の不本意な療養生活は、イニゴの精神を外の世界ではなく自己の内面に向けさせました。彼は最初、病床で騎士道物語を読みたかったのですが、その時に近くにあった本は、修道士の書いた「キリストの生涯」と、キリスト教の聖人伝をまとめた「黄金伝説」だけでした。キリスト教に人生を捧げた聖人たちの姿に感動したイニゴは、特に感銘を受けた聖人イグナティオス（101ページ参照）と、自分が生まれた城の名から、「イグナチオ・デ・ロヨラ」と名乗るようになります。

腐敗したカトリック教会に抵抗するプロテスタントの一大ムーヴメントがヨーロッパ各地で勢いを増していた当時、1528年からパリ大学で学んだ約7年のあいだにロヨラは心から信頼できる6人の同志を得ていました。1534年8月15日、かつて自分の首を持って歩いたとされる聖人ディオニュシウス（108ページ参照）が斬首されたモンマルトルの丘で、ロヨラたち7人は、神に生涯のすべてを捧げる誓いをします。

「キリスト教を全世界に伝えるために、われらは、いかなる危険も恐れない」

これが「イエズス会」のはじまりで、ロヨラが初代総長に選ばれました。

彼らは清貧《せいひん》や貞潔《ていけつ》で自分たちを厳しく律することを誓い、たとえ母国に2度と帰れなくとも、福音宣教のためなら地の果てまで出向く覚悟をしていました。インドや東アジアに派遣される予定だった者が病で倒れ、代わりに派遣されたのが、同志のひとりでロヨラの親友フランシスコ・ザビエルです。1549年8月15日に日本に上陸してキリスト教を伝えたザビエルは、2年3か月の布教後、ほかの宣教師を日本に残して、自身は中国へ向かいますが、1552年に熱病で帰天しました。ロヨラは親友ザビエルの死の4年後、1556年に熱病で帰天。ロヨラは1609年に、ザビエルは1619年に列福され、1622年には、ふたりそろって列聖されました。

プロテスタント教会の勢いに圧倒されていたカトリック教会にとって、世界各地で多くの信徒を獲得したイエズス会の功績は巨大でした。ところが、人間社会のどろどろした醜い性質ゆえに、力を持ちすぎた組織は疎《うと》まれ、カトリック教会の内部でイエズス会への批判が強まり、18世紀にはヨーロッパ諸国がイエズス会を国外追放し、なおかつローマ教皇がイエズス会を解散させる、という事態になりました。その後、イエズス会は、かろうじてロシアに逃れて生き延び、時を待ちます。19世紀になると風向きが変わり、ふたたびローマ教皇から活動を許可され、新たな発展を遂げます。各国で次々と大学を創設したイエズス会は、キリスト教の教育において存在感を示したのです。

イエズス会が日本で創設したのが上智大学で、大学に隣接するカトリック麹町《こうじまち》教会は、初代イエズス会総長の名を取り、聖イグナチオ教会の愛称で知られています。

改革精神ゆえに修道女仲間から虐待された聖女

西暦1515年、スペインのアビラで生まれたテレジア（テレサ、テレーズとも表記されます）は、幼い少女時代から聖人伝を愛読し、聖人たちの清い生き方に憧れていました。7歳の時に聖人として殉教することを夢見て家出したこともありますが、幼かった彼女には、それを実現させるだけの行動力はなく、すぐに連れ戻されました。

テレジアは生来、病弱だったので、父親は彼女が修道院に入ることに反対したのですが、彼女は自分の希望を貫き、20歳の時に、アビラにあるカルメル修道会の女子修道院に入ります。ところが、父親が危惧《きぐ》した通り、テレジアは修道院で体調を崩し、病床に伏す生活が3年ほど続きました。それは、彼女にとって重要な期間でした。

テレジアは、病気療養期間中に神との一体感を味わう神秘体験をしました。イエス・キリストが彼女の前に現れたとか、天使が彼女の心臓に槍《やり》を刺し、痛みと同時に恍惚《こうこつ》とした――などとテレジアが異様な証言をしたことで、彼女は悪魔に憑《つ》かれたか、それとも真《しん》に神の啓示を受けたのかで修道院内で物議をかもすようになります。

一方、時代とともに戒律《かいりつ》のゆるくなった修道院での生活は、神秘体験を経たテレジアの高い理想を満足させるものではありませんでした。ぬるま湯のような環境に耐えられなくなったテレジアは、かつての厳しい戒律を復活させた「跣足《せんそく》カルメル会」を発足させ（「跣足」という言葉は、修道士や修道女が靴を履《は》かず、素足やサンダル履きであることを示します）、友人から資金提供を受けて小さな修道院を創設しました。

テレジアの理念は崇高でしたが、彼女の活動はゆるい規則に慣れた旧体制の修道女たちから激しく批判されます。後世に「修道院の改革者」として讃えられるテレジアは、当時は仲間となるはずの修道女たちから激しい批判を浴びせられ続けたのです。

テレジアは宗教裁判にかけられ、彼女が精魂込めて書いた著作は燃やされ、異端者として投獄されました。しかし、少しずつ理解者も増え、テレジアの活動は容認され始めます。テレジアは、跣足カルメル会が支持を得るためにスペイン全土を旅し、存命中に国内に16の女子修道院を創設。また、テレジアの理念に共鳴し、のちに「十字架のヨハネ」と呼ばれる修道士と彼の同志が男子修道院をふたつ創設しました。テレジア同様、この十字架のヨハネも神秘思想家として評価され、のちに聖人に認定されています。

アビラのテレジアが「大テレジア」あるいは「イエスのテレジア」と呼ばれるのに対し、「小テレジア」あるいは「幼きイエスのテレジア」「小さき花のテレジア」と呼ばれるリジューのテレジアについては第5章でご紹介します。

第5章

現代にも影響を及ぼす伝説的な聖人たち

カトリック教会の3大奇跡

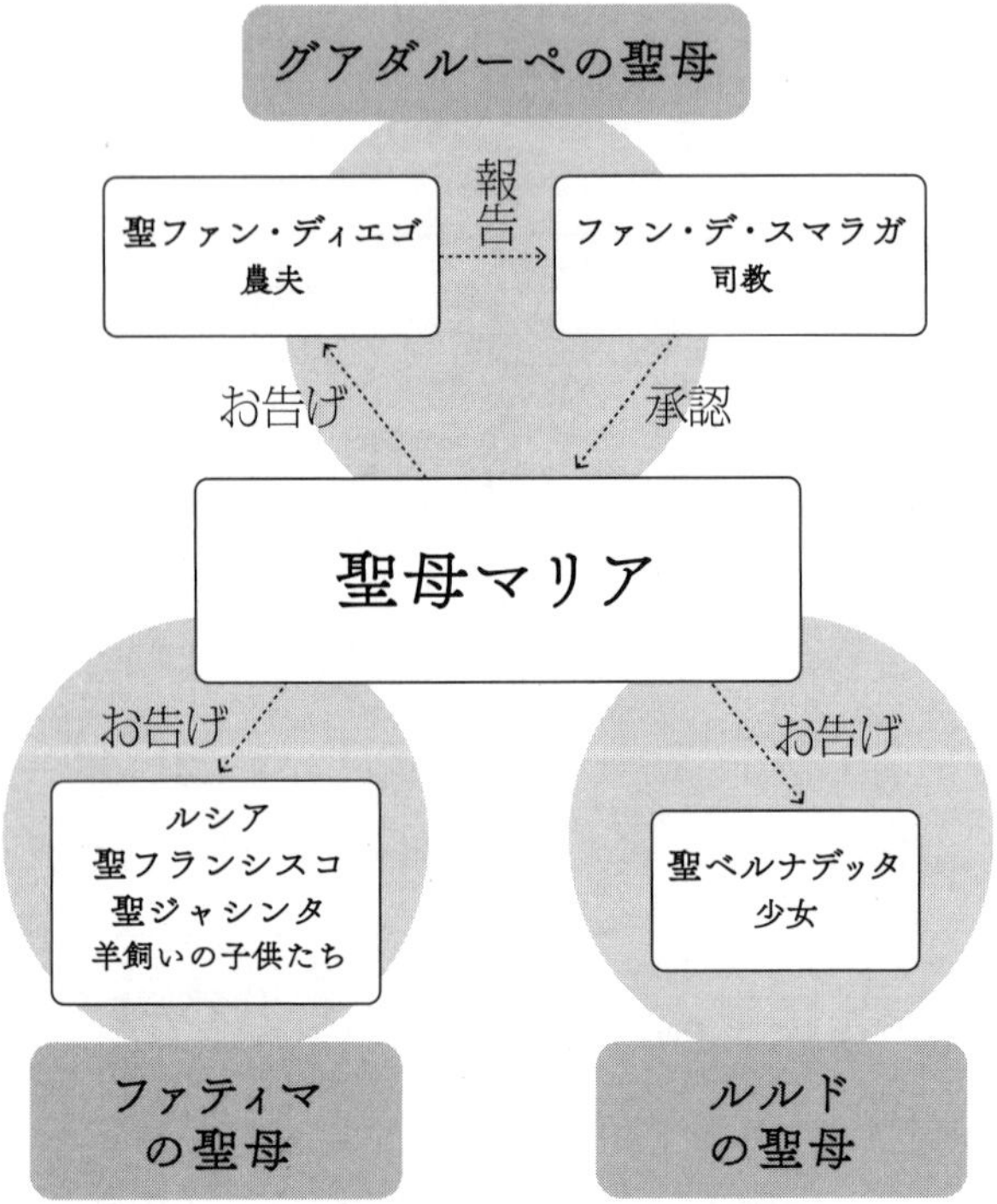

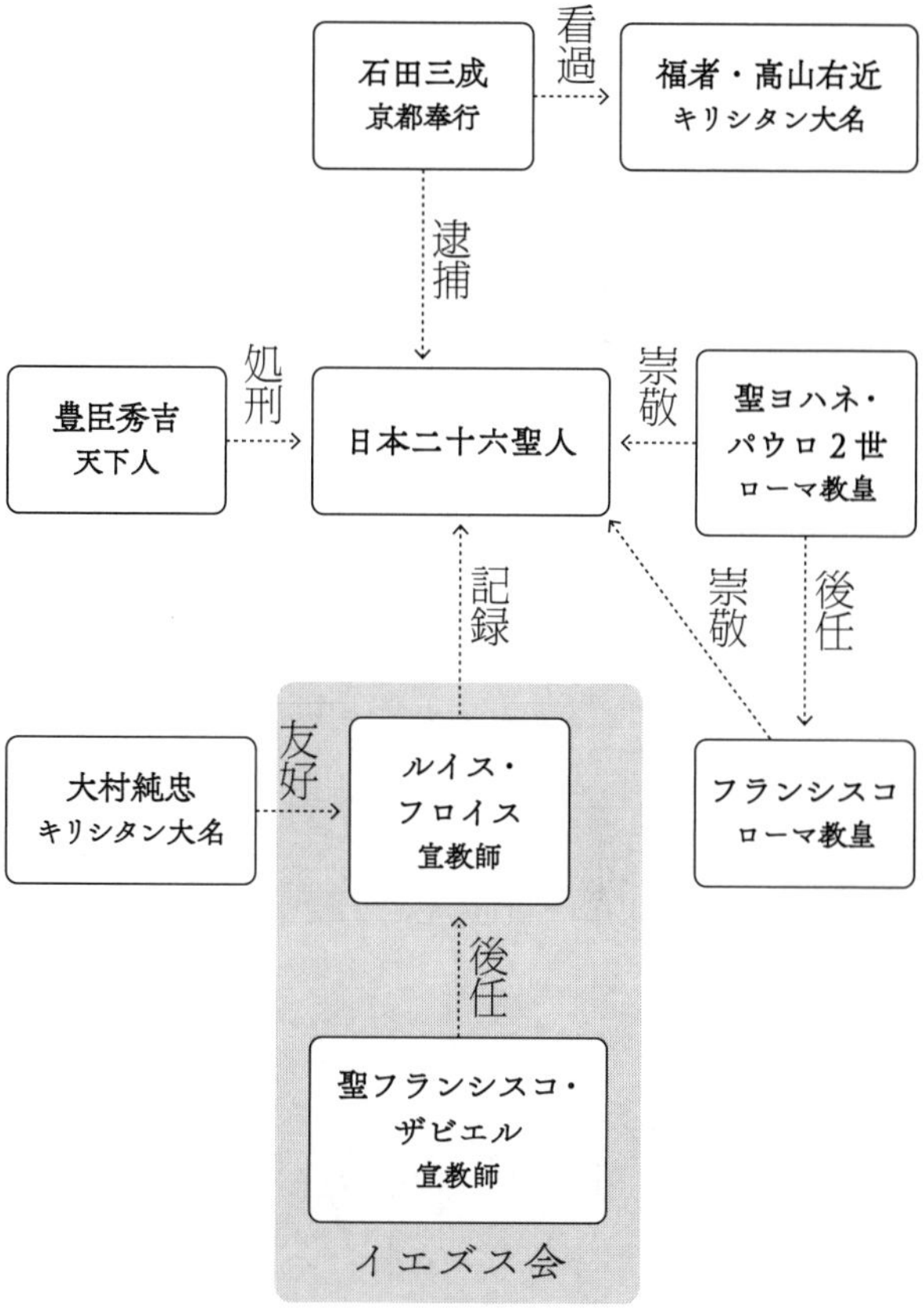
石田三成
京都奉行
看過
福者・高山右近
キリシタン大名
逮捕
豊臣秀吉
天下人
処刑
日本二十六聖人
崇敬
聖ヨハネ・パウロ2世
ローマ教皇
記録
崇敬
後任
大村純忠
キリシタン大名
友好
ルイス・フロイス
宣教師
フランシスコ
ローマ教皇
後任
聖フランシスコ・ザビエル
宣教師
イエズス会

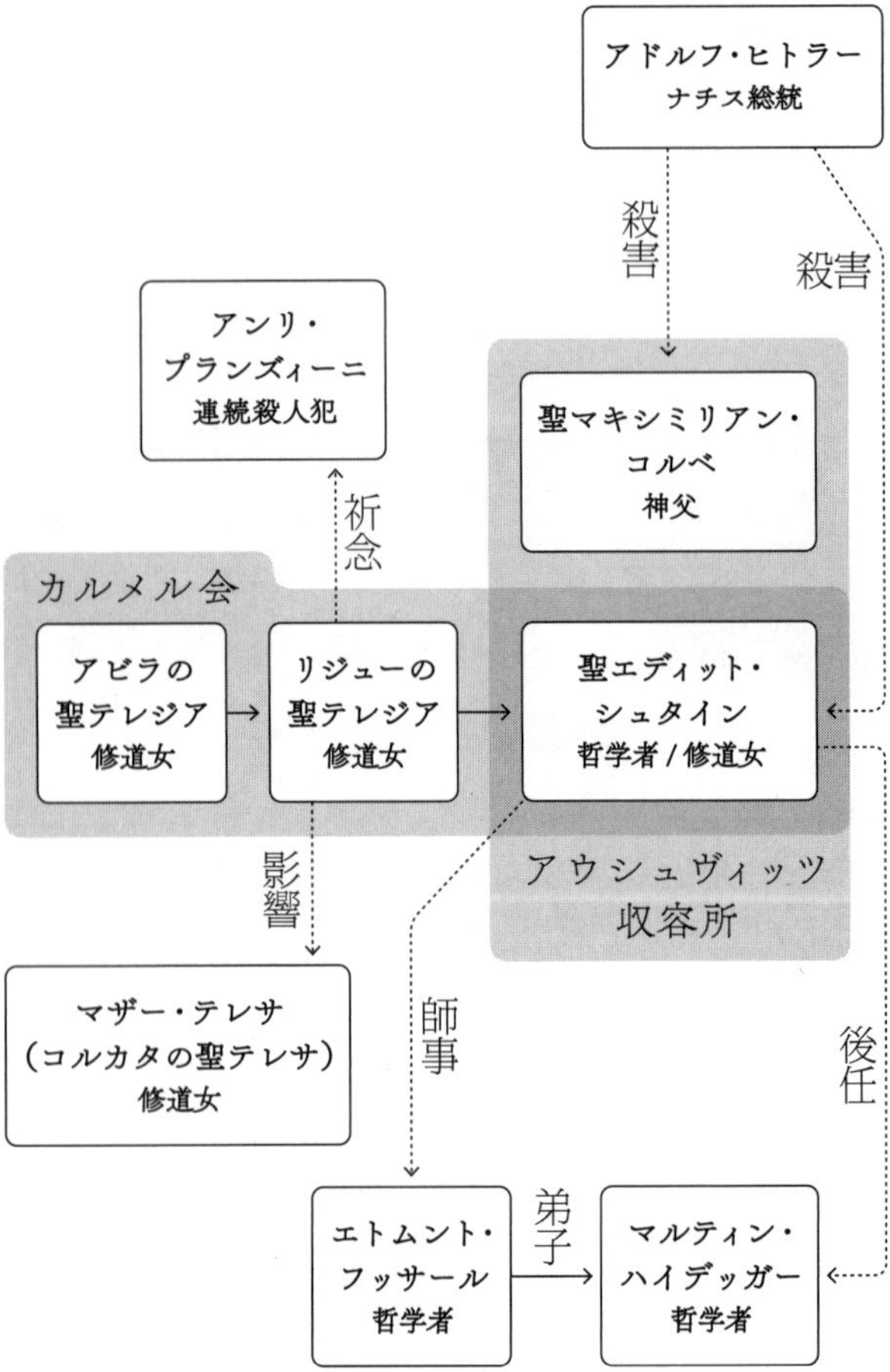
アドルフ・ヒトラー
ナチス総統
殺害
殺害
アンリ・
プランズィーニ
連続殺人犯
祈念
聖マキシミリアン・
コルベ
神父
カルメル会
アビラの
聖テレジア
修道女
リジューの
聖テレジア
修道女
聖エディット・
シュタイン
哲学者 / 修道女
アウシュヴィッツ
収容所
影響
マザー・テレサ
（コルカタの聖テレサ）
修道女
師事
後任
エトムント・
フッサール
哲学者
弟子
マルティン・
ハイデッガー
哲学者

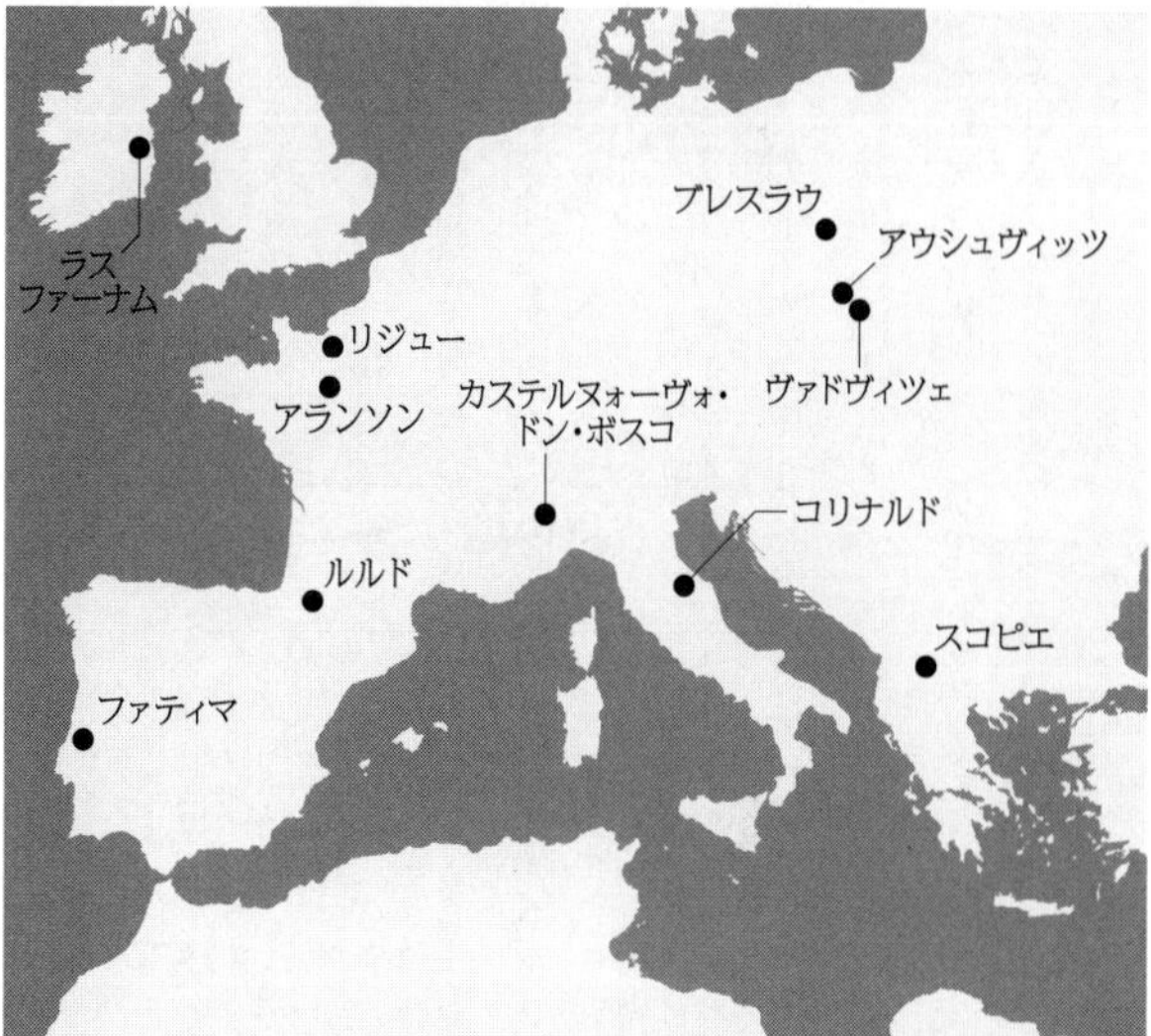
ラス
ファーナム
ブレスラウ
アウシュヴィッツ
リジュー
アランソン
カステルヌォーヴォ・
ドン・ボスコ
ヴァドヴィツェ
コリナルド
ルルド
スコピエ
ファティマ

聖母からストーキングされ叱責《しっせき》された聖人

1474年にメキシコ中部のクアウティトランで生まれた農夫のファン・ディエゴは、1524年にメキシコに到着したフランシスコ会の宣教師たちが南米大陸で初めて洗礼を授けた先住民のひとりでした。彼は50歳の時に受洗したことになります。

1531年の12月9日の朝、ディエゴがテペヤックという名の丘を歩いているところに、上品な雰囲気の夫人が虚空《こくう》から出現しました。驚きのあまり硬直し絶句するディエゴに、自分はイエス・キリストの母マリアだと彼女は現地語で名乗りました。

「神の忠実なしもべであるディエゴ、あなたにお願いがあります。苦しみの中にある人たちを助けるために、この地に教会を建てるように司教に伝えてください」

聖母マリアらしきその女性は消え、ディエゴは、すぐに初代メキシコ司教のファン・デ・スマラガに体験を伝えましたが、当然ながら司教は簡単には信じませんでした。

「それは、あなたの錯覚ではなかったですか？　その話は後日また聞きましょう」

同日の夜、ディエゴはテペヤックの丘に戻り、ふたたび現れた聖母マリアに司教が話を信じてくれなかったことを伝え、涙を浮かべて悔しがりながら謝罪しました。

「マリア様、あっしのような下々《しもじも》の者が語る話を、司教様は信じてくださらねぇです。もっと信頼されそうな、地位の高い人に頼んでもらえねぇでしょうか」

それはディエゴの本心でしたが、聖母は「あなたこそ、わたしの選んだ人なのです。この任務は、あなたでなければ務まりません」と譲りませんでした。

翌日、ディエゴから聖母が再度出現した報告を受けると、司教は言いました。

「あなたの言うことが本当だとしても、天国から来た霊だという証拠が必要です」

キリスト教では、悪魔や悪霊《あくれい》が人間を誘惑するためにさまざまな姿に化《ば》けることがあると信じられているので、司教の要求は当然でした。聖母マリアの出現は昔から無数に報告されていますが、その中には悪魔が聖母に化けているケースがあると考えられるため、カトリック教会は厳正に調査し、公認されている聖母出現は、ごく一部です。

12月10日の午後、ディエゴはテペヤックの丘を訪れ、3度目の出現をした聖母に司教の要求を伝えると、「明日それ（証拠）を与えます」という確約が得られました。ところが、ちょうどその日にディエゴの叔父が倒れて危篤《きとく》となり、看病していたディエゴは、聖母と約束をした12月11日にテペヤックの丘に行けませんでした。聖母との約束のことはずっと頭にありましたが、さすがに危篤の叔父を放置できなかったのです。

翌日、聖母との極めて重要な約束を破ってしまった罪悪感からディエゴはテペヤックの丘を避けて別の道を選ぶと、彼の前方に聖母が出現しました。

「ディエゴ。あなたは、どうして、わたしを頼らなかったのですか?」

聖母が特定の場所で彼女が選んだ者の前に複数回出現するパターンは珍しくないのですが、選ばれた者がそこに行かなかったために、聖母のほうから追いかけてきたというパターンは、極めて異例です。聖母から「どうして会いに来なかったの?」と問い詰められた男は、このディエゴくらいではないでしょうか。恵まれた男です。

「あなたたちの母であるわたしは、ここにいます。あなたの叔父の病は、これから回復しますから安心しなさい。あなたに約束していた証拠を与えます。いつもあなたと会うあの丘で花を摘《つ》み、それを司教のところへ持って行きなさい」

テペヤックの丘は岩場で、通常は花は咲かないのですが、その日は、たくさんの綺麗な花が咲いていました。ディエゴは、それらの花をマントで包み、司教へ届けました。

ディエゴが事情を説明し手渡したマントを司教が半信半疑で開くとたくさんの花が床に落ち、そのマントには花の蜜で聖母の姿が描かれていました。また、ディエゴの叔父の前にも聖母が出現して彼は奇跡的に死の淵から全快し、司教もこの奇跡を信じました。

後年、テペヤックの丘にグアダルーペ聖母大聖堂が建てられ、この「グアダルーペの聖母」はカトリック教会の公認する3大奇跡のひとつと見なされるようになります（残りのふたつ、ルルドとファティマでの奇跡は後述します）。グアダルーペは、ヴァチカンのサン・ピエトロ大聖堂と同じく、世界中から訪問者を集める大聖堂です。

激しい弾圧下でも信仰を貫いた日本の殉教者たち

イグナチオ・デ・ロヨラの親友で「イエズス会」の創設メンバーとなったフランシスコ・ザビエル（156ページ参照）によって、キリスト教は1549年に日本に伝えられました。織田信長や豊臣秀吉ら時の権力者が、貿易の利益を目当てに布教を庇護《ひご》したことで、日本最初のキリシタン大名である大村純忠《すみただ》の領土には、その頃、日本に15万人いたキリシタンのうち10万人が暮らしており、純忠が寄進した長崎はイエズス会の所有地となっていました。南蛮船で日本人が奴隷として連れ去られていると聞き激怒した天下人・秀吉は１５８７年にバテレン（＝宣教師）追放令を出しますが、莫大《ばくだい》な利益を生み出す南蛮貿易は以後も規制されず、長崎を中心にキリシタンの数は30万人にまで膨《ふく》れ上がります。しかし、「スペインは、いくつかの国と同様に日本を植民地化することを計画している」と報告を受けた秀吉は、ついに決定的な弾圧を決行しました。

１５９７年、秀吉は京都のキリシタン全員を捕まえて処刑するように京都奉行《ぶぎょう》の石田三成《みつなり》に命じます。三成は人望のあるキリシタン大名・高山右近《うこん》は見逃しましたが、外国人宣教師と日本人キリシタン合計24人を捕まえ、彼ら全員の左耳を斬り落とし、京都市中を引き回した末に、はるか西の長崎まで彼らを歩かせました。その途中で彼らの世話をしていたふたりのキリシタンも捕らえられて、総勢26人が長崎まで連行されました。

長崎の西坂の丘に辿りついた26人は、十字架に磔にされ、４０００人もの群衆が見守る中、槍で刺し殺されて殉教しました。日本で最初の大殉教となったこの処刑は宣教師ルイス・フロイスが著書「日本史」に書き遺し、ヨーロッパにも伝えられました。

殉教した26人の中心的な人物は、一説には戦国武将の息子だったと言われる日本人パウロ三木《みき》でした。26人は殉教の30年後に「パウロ三木と、その仲間たち」という名称で列福され、それから235年後の1862年に列聖されました。

後年は「日本二十六聖人」という呼称が一般的になり、列聖100周年の1962年には、殉教地である西坂の丘に日本二十六聖人記念館が創建されました。1981年に来日した教皇ヨハネ・パウロ2世も、2019年に来日した教皇フランシスコも、西坂を訪れて、二十六聖人ほか日本の殉教者たちに祈りを捧げました。

なお、日本二十六聖人が殉教しても信仰の火は小さくなるどころか、ますます燃え上がり、その後も徳川幕府による弾圧で多くのキリシタンが処刑されました。1603年から1639年に殉教したキリシタンは、2008年に「ペトロ岐部《きべ》と187殉教者」として、聖人に認定される前段階である「福者」に認定されています。

周囲の妨害に屈せず少女が信仰を貫き聖地誕生

1844年、フランス南西端のルルド村の貧しい大家族の家に生まれたベルナデッタは、ぜんそくを患《わずら》い、病気がちの少女でした。1858年2月11日、妹と友人たちといっしょに近所の洞窟を訪れたベルナデッタの前に、全身が白く輝く若い女性が出現しました。ベルナデッタは「そこに女の人がいる！」と、その女性を指さしますが、妹と友人たちには見えません。謎の女性は「これから2週間、毎日ここへ会いに来てください」と語りかけてきました。その声もベルナデッタにしか聞こえませんでした。

以後の2週間、ベルナデッタは周囲の人たちとともに洞窟に通い続け、幽霊のような謎の女性と毎日会話をしましたが、ほかの人にはその女性の姿は見えないし、声も聞こえないので、少女に近しい人でも半信半疑でしたし、直接関係ない人たちは「あの小娘は大嘘つきだ！」「ただの狂人だ！」などと陰口《かげぐち》を叩く人が大多数でした。

洞窟の霊と会話し続けるベルナデッタの噂は、ルルドだけでなく他の地方まで届き、彼女の周囲には多くの人混みができるようになりました。2月25日、謎の女性はベルナデッタに「泉の水を汲《く》んでください」と命じました。少女が離れた場所にある川まで汲みに行こうとすると、女性は「泉は、そこにあります」と、少女の足もとを指さしました。ベルナデッタが素手で土を掘ると、地中から水が湧き出して泉となり、見守っていた群衆から驚きの声があがります。この劇的な事件の話はまたたく間に広がり、多くの人が詰めかけたため、ルルド市当局は、泉の周辺を封鎖することになりました。

謎の女性を見て、声を聞けるのはベルナデッタただひとりでしたが、泉の出現という奇跡のような現象が確認されたことから、ベルナデッタは、カトリック教会の聖職者とフランス政府の関係者から何日も懐疑的《かいぎてき》な厳しい取り調べを受けました。

「きみは、本当のことを言っているのか？　錯覚ということは考えられないか？」

しかし、少女の証言に綻《ほころ》びがないことは、だれもが認めるしかありませんでした。

3月2日、13回目の出現をした謎の女性は、ベルナデッタに頼みました。

「苦しんでいる人たちを救うために、この泉の場所に教会を建ててください」

ベルナデッタは「あなたは、だれなのですか？」と何度も尋ねていましたが、彼女は柔和に微笑むだけで、なかなか答えは返ってきませんでした。ですが、16回目に出現した3月25日、女性は初めて「わたしは『無原罪《むげんざい》の御宿り《おんやど》』です」と答えました。

読み書きができず、学《がく》のないベルナデッタが知っていたはずもないことですが、「無原罪の御宿り」は、その4年前にカトリック教会が公認した新たな教義でした。キリスト教では、すべての人は、最初の人類であるアダムとイヴから罪に傾く性質「原罪」を生まれながらに受け継いでいると考えます。ところが、イエス・キリストの母であるマリアは、胎内にいた時から例外的に原罪を免《まぬが》れていたという教義がカトリック教会で確立されたのです。ベルナデッタが知るはずのない「無原罪の御宿り」という言葉を証言したことで、その謎の女性は聖母マリアだと認識されるようになります。

ベルナデッタが聖母と対面した場所には聖母像が建てられ、のちに建てられた大聖堂には多くの巡礼者が全世界から訪れるようになりました。医学では治《なお》せない難病の患者が、ルルドの水を飲んで完治するケースが続発しました。何度も科学的な調査が行《おこな》われましたが、ルルドの水の成分は通常の水と同じでした。それでも、医学では治療不可能と判断された患者が完治した奇跡が多く存在する事実から、カトリック教会はルルドに出現した聖母マリアの奇跡を公認し、「ルルドの聖母」は「グアダルーペの聖母」「ファティマの聖母」と合わせてカトリック3大奇跡と見なされるようになります。

世界中から好奇の目で見られ、噂の的となることに疲れ果てたベルナデッタは、世間の喧騒《けんそう》を避けてヌヴェール愛徳修道会に入り、1879年に35歳の若さで肺結核で亡くなりました。その後、ベルナデッタは1933年に聖人と認定されています。

聖母からベルナデッタへのお告げで出現したルルドの奇跡の泉は、医学では治せない難病の治癒を願う人たちが全世界から訪れる、希望の巡礼地であり続けています。

反省ゼロの連続殺人鬼を祈りで回心させた聖女

16世紀の聖女アビラのテレジア（157ページ参照）が「大テレジア」あるいは「イエスのテレジア」と呼ばれるのに対し、「小テレジア」あるいは「幼きイエスのテレジア」「小さき花のテレジア」と呼ばれるリジューのテレジア（テレサ、テレーズとも表記されます）は、1873年にフランスのアランソンで生まれました。時計職人の家に生まれた9人の子供のひとりで、両親は敬虔《けいけん》なカトリック信徒で、病気で亡くなった4人を除いて、テレジアを含む5人姉妹全員が修道女となりました。4歳の時に母が亡くなり悲嘆したテレジアは、その後、修道院付属の小学校でトップの成績を取ったことで、いじめに遭《あ》います。早熟のテレジアは9歳の時、修道院に入った姉に続いて自分も修道女になることを希望しましたが、さすがに幼すぎて許可されませんでした。

テレジアが14歳になった年、連続殺人犯アンリ・プランズィーニの記事が新聞で連日報道されていました。いっさい反省の色を示さない殺人鬼プランズィーニへのフランス国民の嫌悪と憎悪は頂点に達していましたが、そんな中、テレジアは、プランズィーニが処刑される前に回心して救われるように、毎日祈り続けました。プランズィーニはギロチンで処刑される直前までなにひとつ反省せずに悪ぶっていましたが、処刑される数秒前、不意に我に返ったような真摯《しんし》な表情になると、となりにいた司祭の十字架に3回接吻《せっぷん》しました。その報道を新聞で読んだテレジアは、絶対に回心することはないと人々に信じられていた凶悪な殺人鬼の心をも変えた神の偉大な力を確信したのでした。

テレジアは15歳になり、ようやく許可されて、姉ふたりに続いてリジューのカルメル会修道院に入りました。16世紀にアビラのテレジアによって改革されたカルメル修道会は厳格で、なおかついちばん若いテレジアは修道女の先輩や院長たちから、いじめのように冷たく接されていました。我慢の日々の中でもテレジアは神への感謝を忘れず、ひたすら謙遜し誠実に生きる「小さい道」という自身の哲学を確立します。

「わたしは小さな存在ですから、小さな花びらを神様に捧げることしかできません。でも、わたしは、その小さな花びらのひとつひとつに、丁寧に愛を込めています」

1897年、テレジアは24歳の若さで肺結核で亡くなりましたが、キリスト教の大切な精神をだれにでもわかる簡単な言葉で書き遺していました。その原稿が「ある霊魂の物語」という書籍として死後に出版されると、たちまち評判となります。その著書は世界中の言語に翻訳され、広く読まれました。通常、カトリック信徒が福者に認定されるには最低でも帰天から50年以上経過していることが条件となりますが、テレジアは死後26年の1923年に列福され、1925年に列聖されると「現代における、もっとも偉大な聖人」とまで評されました。いつしか彼女はもっとも人気のある聖人のひとりとなり、マザー・テレサの「テレサ」という名前も、彼女に由来します。

「わたしは天国で、地上のためになることをします。薔薇《ばら》の雨を降らせましょう」

亡くなる直前にそのように語ったテレジアは、その愛に満ちた言葉で今も多くの人々を勇気づけ、世界のいたるところに薔薇色の希望の花を咲かせ続けています。そして、彼女の執《と》り成《な》しによって難病が治癒した奇跡も、世界中で報告されています。

カトリック教会では、人々が信仰を深める教えを遺した聖人を特に「教会博士」と認定しています。リジューのテレジアは、アビラのテレジアとシエナのカタリナ（118

ページ参照）に続いて女性では3人目の教会博士に認定され、ジャンヌ・ダルク（148ページ参照）とともにフランスの守護聖人にも認定されています。小さな花のように可憐な生涯を送ったテレジアは、聖人として巨大な功績を遺したのです。テレジアを含めて娘全員を修道女に育てた彼女の両親も、2015年に列聖されています。

革命家と疑われ狙撃《そげき》されながらも愛された改革者

1815年、ヨハネ・ボスコは、のちにイタリアとなるサルデーニャ王国のカステルヌオーヴォ・ダスティという土地で生まれました。彼が2歳の時に農夫の父親が亡くなり、ヨハネは母親と兄ふたりとともに、貧しい家庭で育ちます。家庭の経済状況が原因で充分な教育を受けられなかったヨハネでしたが、教会の司祭に聡明さを見出され、彼からラテン語を学びました。その司祭は、すぐに心不全で亡くなりましたが、それからヨハネはさまざまなアルバイトをして学費を稼ぎながら学校に通います。いろんな仕事をして身につけたスキルや知識と知恵が、のちに彼が若者を魅了する源泉《げんせん》となります。ヨハネは20歳から神学校で6年間学んだのち、26歳で司祭となりました。

司祭となったヨハネは、かつての自分のように貧困家庭で教育を受けられない若者たちや、貧しさが原因で犯罪に手を染めた刑務所の囚人たちに寄り添います。家のない子たちには住む場所を与え、仕事も与え、彼らを教育するだけでなく同じ目線で無邪気に遊ぶヨハネは多くの若者たちを魅了し、彼らに信頼され、慕《した》われました。彼は司祭への敬称である「ドン」を添えて「ドン・ボスコ」の名で広く知られるようになります。

そのカリスマ性で若者たちに支持される指導者となったドン・ボスコでしたが、その人気ゆえに大衆を扇動する革命家と間違われて警察にマークされたり、狂人という疑いをかけられ彼を精神病院に入れようとする者もいました。また、同じカトリック教会の聖職者から「われわれの信徒をあの男が盗んだ」と批判されることもありました。

ドン・ボスコは、行き場のない若者たちを保護する活動を最優先にし、その実現のために常に莫大な資金を必要としていました。彼の人徳ゆえに寄付をしてくれる者たちも多くいましたが、それでも資金繰《ぐ》りには生涯苦労して、多方面から借金していました。ある時、ドン・ボスコが子供たちにキリスト教の教理を教えている際、窓から狙撃されたこともありました。ドン・ボスコは「お気に入りの服に穴が開いてしまったよ」と子供たちを笑わせながら、そのまま授業を続けたと伝えられています。

ドン・ボスコは、彼の2世紀ほど前に同じ北イタリアで活動した尊敬する聖人フランシスコ・サレジオの名を取り、修道会「サレジオ会」を創設しました。フランシスコ・サレジオもドン・ボスコも多くの著作を遺したことから、サレジオは「作家やジャーナリストの守護聖人」に、ドン・ボスコは「出版関係者の守護聖人」となっています。

1888年にドン・ボスコが亡くなると、彼を愛した数万人の大群衆が葬儀に詰めかけました。ドン・ボスコは1929年に列福され、1934年に列聖されました。この聖人の功績を讃え、出生地のカステルヌオーヴォ・ダスティは、カステルヌオーヴォ・ドン・ボスコと改称され、そこにはドン・ボスコ大聖堂が建っています。

自分を乱暴し殺した青年をゆるした現代の聖女

マリア・ゴレッティは、1890年、イタリアが王国だった時代のコリナルドでカトリック信徒の両親のもとに生まれた7人兄妹《きょうだい》の第三子（長女）でした（長男は幼少期に病死）。貧しいゴレッティ家は、共同農場の一軒家を半分借りて暮らし、その家の残り半分はセレネッリ家という父子家庭が使用していました。マリアが9歳の時に父親がマラリアで病死すると、彼女は長女として母親を助けて家事を取り仕切るようになり、家を共同で使っているセレネッリ家の家事まで手伝ってあげていました。

セレネッリ家の息子アレッサンドロは、マリアの8歳年上で、農場では働き者の青年として通っていましたが、彼はマリアへの淫《みだ》らな欲求を抱いていました。アレッサンドロは、マリアとふたりだけの時に彼女を男女の関係へ誘いますが、貞潔《ていけつ》なマリアが応じなかったので、アレッサンドロは次第に歪《ゆが》んだ憎悪を募《つの》らせることになります。

1902年7月5日、11歳のマリアが家でひとり、2歳の妹の子守りをしていたところにアレッサンドロが現れます。淫らな欲望で自分を見失ったアレッサンドロはマリアを力ずくで寝室まで引きずると鍵を閉め、暴行に及ぼうとします。マリアが必死に抵抗したことでアレッサンドロは怒りを暴走させ、近くにあった短刀でマリアを14か所も刺しました。気がつくとマリアは血まみれで動かず、ふと我に返ったアレッサンドロは怖くなって逃げ出します。その直後に帰宅した母親は、あまりの光景に半狂乱になって助けを呼び、マリアは病院に運ばれましたが間もなく死亡します。亡くなる前、マリアは病室で母親の手を取ると、消え入りそうなか細い切れ切れの声で、伝えました。

「お母さん……どうか……アレッサンドロを……ゆるして……あげて……」

その必死の哀願《あいがん》が、非業《ひごう》の最期を遂《と》げた幼い聖女の遺言となりました。

逮捕されたアレッサンドロは投獄されてからも自暴自棄で、反省の色を見せませんでしたが、ある夜、夢に彼が殺したマリア・ゴレッティが現れました。マリアは、彼が最初に好きになった時のままの無垢《むく》な笑顔で、一輪《いちりん》の花を差し出しました。

「わたしは、あなたを憎んでいません。どうか、わたしのぶんも生きてください」

一点の曇りもない澄んだ微笑を見て、アレッサンドロの目から涙があふれました。

「マリア……ああっ、ぼくは、なんて愚かなことをしてしまったんだ！　こんなぼくをゆるしてくれるというのか、マリア？　どうして、こんなぼくを――！」

アレッサンドロは、マリアの肉体が滅んでも彼女は聖女として天国で生きていることを確信し、初めて回心しました。以後、彼はマリアの母親に謝罪の手紙を獄中から送り続け、やがて恩赦《おんしゃ》で釈放された際には直接謝罪し、母親からもゆるされました。

自分が暴行され、殺害されながらもアレッサンドロを恨《うら》まずゆるし、彼の回心を祈り続けたマリア・ゴレッティは1947年に列福され、1950年に列聖された時に彼女の母親はまだ健在で式典に出席し、その4年後に娘の待つ天国へ旅立ちました。

ユダヤ教から改宗しナチスの犠牲となった聖女

1891年、エディット・シュタインはユダヤ系ドイツ人の末娘（11番目の子供）としてドイツのブレスラウ（現在のポーランドのヴロツワフ）で生まれました。2歳の時に父親は亡くなりましたが、働き者の母親が女手ひとつで大家族を支えました。

幼い頃から頭脳明晰な少女だったエディットは、13歳の時に母親が信仰するユダヤ教に背を向けて、いったん無神論者となります。彼女は大学時代に哲学への関心を強め、著名な哲学者エトムント・フッサールに師事します。フッサールが書き散らかしていたメモをエディットは助手として整理し文書にまとめましたが、それは、彼女の次に助手になったマルティン・ハイデッガーの手柄となってしまいました。エディットは自分も教授として身を立てることを希望していましたが、当時は、女性が教授職に就《つ》ける体制ではありませんでした。そんな中、失恋も経験しエディットは絶望します。

1921年に友人宅に泊まった夜、アビラの聖テレジア（157ページ参照）の自叙伝をたまたま手に取ったエディットは、その内容に引き込まれ徹夜で読破し、「わたしが哲学で探究していた真理は、キリスト教の中にあった」と確信します。エディットは、すぐさま近所の教会を訪ね、その後、聖イグナチオ・デ・ロヨラ（154ページ参照）が著した「霊操《れいそう》」に従って瞑想《めいそう》したのち、洗礼を受けてクリスチャンとなります。エディットの師フッサールは弟子が哲学から宗教に走ったことに失望し、ユダヤ教徒である母親は娘の改宗を泣いて悲しみましたが、エディットの信仰は揺らぎませんでした。

「ユダヤ教と哲学を深く学んだからわかる。キリスト教こそ、わたしが求めた真理」

ミッション・スクールで教鞭《きょうべん》を執るようになったエディットは、女性の社会進出について講演したところ評判となり、さまざまなイベントに講演者として招かれるようになります。女性の地位向上運動の旗手《きしゅ》として精力的に活動を続けていたエディットでしたが、1933年にアドルフ・ヒトラー政権がユダヤ人を公職から追放すると決めたため教職を失い、カルメル修道会に入る決意をします。当時まだ健在だったユダヤ教徒の母親に泣いて止められながら、エディットは高名な学者としての地位に関係なく、ひとりの新人修道女として、修道院で先輩たちから厳しく鍛えられる生活を始めました。

修道院でもエディットは著書の執筆を続け、フッサールの哲学と聖トマス・アクィナス（145ページ参照）の神学を統合する画期的な理論を構築しますが、ナチスの政策により、ユダヤ人である彼女の著作は、当時は出版できない社会状況でした。その後、ナチスによるユダヤ人迫害がさらに強まり、エディットはオランダの修道院に避難しましたが、オランダに侵攻したナチスによって捕らえられ、1942年8月9日にアウシュヴィッツ収容所のガス室で多くの同胞とともに殺害されました。

アウシュヴィッツ収容所では妻子ある若い男性の身代わりになることを名乗り出て殺されたマキシミリアン・コルベ神父がのちに聖人に認定されていますが、エディット・シュタインが1987年に列福されると、「彼女は無数のユダヤ人のひとりとして殺害されたのであり、キリスト教の殉教にはあたらない」という批判が生じます。また、彼女をキリスト教とユダヤ教の架け橋と見なすことにはユダヤ人の側から「キリスト教に改宗した彼女は、もはやユダヤ人ではない」という反論も出ました。しかし、その後、キリスト教とユダヤ教の対話と相互理解が進み、1998年に聖人と認定されました。

聖母のお告げを受けた子供たちの悲運

第一次世界大戦が続いていた1916年、ポルトガルのファティマという小さな町で暮らす羊飼いの子供たち——ルシア、フランシスコ、ジャシンタの前に天使が3回現れましたが、彼らは、そのことをだれにも話しませんでした。翌1917年5月13日には、太陽よりまぶしく輝く謎の女性が3人の前に姿を見せ、彼らに告げました。

「戦争が早く終わるように、あなたたちは毎日、ロザリオの祈りをしなさい」

ロザリオの祈りは、イエス・キリストが弟子たちに教えたキリスト教において最重要な「主《しゅ》の祈り」1回と、聖母マリアの執《と》り成《な》しを願う「アヴェ・マリアの祈り」10回、さらに栄唱《えいしょう》1回をロザリオの珠《たま》をひとつずつ指で繰りながら5セット続けるカトリック教会の祈祷《きとう》方法です。当時は第一次世界大戦で世の中が混迷を極め、ポルトガル軍が前線に出兵した矢先の時期だったので、謎の女性の言葉はタイムリーでした。3人の子供たちは謎の女性に会ったことを大人たちに話しましたが、大人たちは子供に特有の空想だと判断し、信じませんでした。嘘だと決めつけ、彼らを叱責《しっせき》する者もいました。

ところが、謎の女性は、その後も毎月13日に子供たちの前に出現し続けます。彼女が毎回、ロザリオの祈りを求めることから、聖母マリアである可能性が浮上しました。

9月13日に出現した女性が「来月、わたしは奇跡を起こします」と予告した話が広がり、10月13日には新聞記者も含めて数万人の群衆がファティマに集まりました。大群衆が待ち構える中、空の太陽が突然、いろんな方向に高速で動き回って、また元に戻りました。その日、ほかの場所ではそのような天体現象は観測されていませんが、ファティマでは数万人がこの「太陽の奇跡」を目撃しました。集団幻想という説もありますが、信仰を持っていなかった者たちも、その日、ことごとく回心したとされます。

翌1918年からスペイン風邪が全世界で流行し始めると、1920年にかけて当時の世界人口の25パーセント以上となる5億人が感染し、1億人以上が亡くなりました。ファティマの3人の子供たちのふたりも――フランシスコは1919年に11歳で、ジャシンタは1920年に10歳で亡くなりました。このふたりが幼くして亡くなることは、聖母マリアの2回目の出現の時点で預言されており、ふたりとも、「ファティマの聖母」出現100周年となる2017年に聖人に認定されています。残ったひとりルシアは1948年にカルメル会の修道女となり、2005年に97歳で帰天しました。

広く報道された「太陽の奇跡」によって、ファティマは世界中から多くの巡礼者を集めるポルトガル最大の聖地となり、カトリック教会は「ファティマの聖母」の奇跡を公認しました。「グアダルーペの聖母」（166ページ参照）、「ルルドの聖母」（171ページ参照）と合わせて、カトリック教会の3大奇跡とされています。

現代人に聖人の聖性を示した伝説の聖女

のちに「マザー・テレサ（コルカタの聖テレサ）」の名で世界に知られるアグネス・ゴンジャ・ボヤジウは、1910年、オスマン帝国のスコピエ（現在の北マケドニア共和国の首都）で生まれました。イスラム教徒や東方正教会の信徒の多い土地でしたが、彼女の家は敬虔なカトリック信徒でした。カトリックの学校に通いながら、彼女は12歳の時には既に、「将来はインドで宣教したい」という夢を持っていました。

18歳の時にアイルランドのラスファーナムのロレト修道会に入ったアグネスは、尊敬するリジューのテレジア（175ページ参照）の名を取って修道女としては「テレサ」

と名乗り、以後は「シスター・テレサ」と呼ばれるようになります。

シスター・テレサは、1929年からインドのコルカタ（英語名カルカッタ）の聖マリア学院で地理と歴史を教えるようになり、1944年には同学院の校長となりました。

1946年のある日、汽車での移動中に彼女が祈っていると、声が聞こえました。

「テレサ、すべてを捨てて、スラム街で苦しむ貧しい人たちのために仕《つか》えなさい」

テレサはイエス・キリストが語りかけてきたと確信し、そのような体験があったことを報告しますが、当時の彼女は地方の無名なシスターにすぎなかったので、カトリック教会は、彼女の報告を重要視しませんでした。本人の錯覚や妄想というケースも当然あり、似たような事例は世界中で常に報告されているのです。それでも、テレサ自身にとっては、イエス・キリストから召し出されたという信念は揺らぎませんでした。

シスター・テレサは教皇庁の許可を得て、1950年、困窮《こんきゅう》する人々を救済するための「神の愛の宣教者会」を設立し、貧しい人や住む場所のない人、病気の人、身寄りのない人たちへの献身的な世話を開始します。それはキリスト教の宣教から切り離した人助けの活動で、シスター・テレサは相手の信仰する宗教を常に尊重し、決して否定しませんでした。やがて、神の愛の宣教者会の活動はインド全体に広がり、カトリック教会は、類似団体をいくつも創設しました。彼女は「マザー・テレサ」と呼ばれ、その活動は全世界で報じられるようになりました。マザー・テレサはノーベル平和賞をはじめとする各国で最高に名誉ある賞を次々に与えられましたが、それらの授賞式の費用と賞金は、すべて恵まれない人の救済に使われました。マザー・テレサは、生涯、私物を持ちませんでした。また、人気が出すぎたことで本人の意思に反して「マザー・テレサ」がブランド化し、さまざまな権力者たちに政治利用されそうになったことも無数にありました。さらに、人間社会の常で、彼女の活動のアラ探しをして見当違いの批判をする層もいましたが、マザー・テレサの清廉潔白《せいれんけっぱく》は、その言葉の力強さが証明しています。

マザー・テレサは、日本を訪れた際、次のような言葉を遺しています。

「世界には、とても貧しい国が、ふたつあります。インドと日本です。インドは物質的に貧しい国です。それに対して、日本は物質的には恵まれていますが、精神的にとても貧しい国です。この国の人は、すぐ近くに困っている人がいても助けようとしません。愛の反対は憎しみではありません。無関心こそ、愛の対極にあるものです」

心臓の疾患《しっかん》を抱えながら、社会の弱い人たちを助けるために最期まで懸命に活動を続けたマザー・テレサは、1997年9月5日に亡くなり、インドでは政治に関係していない者としては史上初めて国葬にされました。生前から彼女の並外れた徳の高さは全世界に知られていたので、帰天後すぐに列福調査が開始され、死後6年という異例の早さで列福され、死後19年が経過した2016年9月4日に列聖されました。

多くの聖人を生み出した聖人の中の聖人

のちにローマ教皇となり「ヨハネ・パウロ2世」と名乗るカロル・ヨゼフ・ヴォイティワは、1920年にポーランドのヴァドヴィツェで生まれました。9歳の時に母を、12歳で兄を亡くし父子家庭となったヴォイティワが大学生活を送っていた1939年、ナチスがポーランドを占領し、第二次世界大戦が勃発《ぼっぱつ》します。その直後に当時のソビエト連邦もポーランドに侵攻し、ヴォイティワの祖国は、ナチズムと全体主義の圧政を受けることになります。大学は閉鎖され、ヴォイティワは肉体労働に従事します。

戦争が始まる以前のヴォイティワは役者になることを志《こころざ》し、演劇に出演し、みずから脚本も書いていました。後年、教皇として聴衆を魅了した堂々たるふるまいは、役者としての経験も役立ったのでしょう。また、語学に天才的な才能を見せた彼は大学時代に15か国語を学び、そのうち9か国語を教皇になってから実際に使用しました。

１９４１年に父を亡くして天涯《てんがい》孤独となったヴォイティワは、同胞たちが強制収容所に送られ続ける極限状況の中、芸術方面へ進みたいという個人的な夢を断念し、聖職者となることを決意します。戦時下で地下活動を強《し》いられていた神学校に通ったヴォイティワは、戦後の１９４６年に司祭に叙階され、司教、枢機卿《すうききょう》を経て、１９７８年に第264代のローマ教皇に選出され、「ヨハネ・パウロ２世」を名乗ります。それまでの数世紀、ローマ教皇はイタリア人が就任することが慣例となっていて、イタリア人以外が教皇となったのは455年ぶりで、スラヴ系の教皇が選ばれたのは史上初めてでした。

現代の教皇として最年少で即位したヨハネ・パウロ２世が帰天するまで在位した期間は、歴代教皇の中で2番目に長い26年6か月でした（歴代最長はピウス9世の31年8か月）。在位中に129か国を訪れ「空飛ぶ教皇」と呼ばれ、１９８１年にはローマ教皇として史上初めて来日して被爆地の長崎と広島を訪問し、「戦争は人間のしわざです」という反戦メッセージを日本語で放ちました。

日本を訪問した直後の1981年5月13日、ヨハネ・パウロ2世はヴァチカン市国のサン・ピエトロ広場で銃撃され重傷を負いますが、奇跡的に一命を取りとめます。これは、1917年に「ファティマの聖母」（186ページ参照）が出現したのと同じ日付で、その時、聖母マリアが子供たちに将来の教皇暗殺未遂事件を預言していたことが、西暦2000年に初めて明かされました。その西暦2000年を「大聖年」と位置づけたヨハネ・パウロ2世は、カトリック教会が過去に犯した十字軍などのあやまちを全面的に認め、カトリック教会の歴史上初めて全世界に公式に謝罪しました。

また、ヨハネ・パウロ2世は、「歴史上もっとも多くの聖人を誕生させた教皇」でもあります。教皇として在位期間最長だったピウス9世が列聖したのは52人、直前に教皇だったパウロ6世が列聖したのは84人でしたが、ヨハネ・パウロ2世が列聖した人数は482人に達しました（列福したのは1338人）。

晩年はパーキンソン病を患《わずら》っていたヨハネ・パウロ2世は、2005年にインフルエンザに罹患《りかん》し、感染症を併発《へいはつ》しました。サン・ピエトロ広場に全世界から集結した数万人の信徒が不眠不休で教皇の回復を祈る中、2005年4月2日に帰天。4月8日に行《おこな》われたレクイエム・ミサには、全世界から国家元首、宗教指導者、カトリック信徒たち400万人以上がヴァチカン市国に集まり、史上最大の葬儀となりました。

その後、パーキンソン病に苦しんでいた修道女が、ヨハネ・パウロ2世への祈りで完治する奇跡が科学的に証明され、死後6年後の2011年に列福されます。列福式の当日、ヨハネ・パウロ2世に祈りを捧げたコスタリカの女性が末期の動脈瘤《りゅう》から完治したことも奇跡と認定され、2014年に列聖されました。「聖人を生み出し続けた教皇」ヨハネ・パウロ2世自身も、そのようにして死後に聖人の列に加わったのです。

あとがき

本書ではキリスト教の聖人崇敬のある教派で尊崇されている主要な聖人たちをご紹介しましたが、これらの聖人伝を読んで、あなたが「こんな現実離れした話、嘘に決まっているじゃないか！　クリスチャンは、こんなバカげた話を信じているの？」と思われたとしたら、それは、ごく自然な反応です。聖人崇敬する教派のクリスチャンも、決して聖人伝を鵜呑《うの》みにしているわけではありません。その証拠に、中世に聖書と並んで読まれていた聖人伝の決定版であるヤコブス・デ・ウォラギネの「黄金伝説」においても、「このように伝えられてはいるのだが、さすがに、とても信じられない」という記述が何度も出てくるのです。聖人伝は西洋の絵画や文学、音楽の題材になり、大衆はそれに親しんできましたが、日本人が、たとえば真田《さなだ》十勇士の活躍をエンターテインメントとして楽しむように、西洋人も聖人伝をフィクションとして楽しんできました。

キリスト教の聖典である聖書についても、同じことが言えます。「聖書に興味があったので読んでみたところ、非現実的な奇跡の話が出てきて、ついていけなかった。クリスチャンがどうして、あんな現実離れした話を信じられるのかわからない」という感想を身近な方から聞いたことが筆者は何度もあります。そこには大前提のすれ違いがあり、そもそも聖書の記述をすべてまるごと信じているのは、福音派と呼ばれるキリスト教の一部の方たちだけで、それ以外の大多数のクリスチャンは、聖書の記述をすべて鵜呑みにしているわけではないのです。聖書には矛盾する記述がたくさんあるので、書かれていることをすべて信じるのが難しいのはクリスチャンにとっても同じことです。

聖書も、聖人伝も、クリスチャンの多くは「すべてを信じる必要はないけれど、このような物語が語られてきたのには、なにか意味があるはずだ」という考えで受け止めています。もしあなたがノン・クリスチャンで、「わたしは聖書の奇跡が信じられないので、キリスト教は信じられない」という考えをお持ちなら、「すべて信じているクリスチャンのほうが稀《まれ》です」ということは、声を大にしてお伝えしておきたいです。聖書も聖人伝も、矛盾や現実離れした話のオンパレードですから、すべての記述を信じるのはさすがに無理がありますし、すべての話をまるごと信じる必要などないのです。

聖母マリアの聖性を認めるか否《いな》かでカトリック教会とプロテスタント教会の意見が昔から対立してきたように、聖人たちの聖性の有無については、意見が分かれるところでしょう。筆者自身はカトリック信徒でありながら、プロテスタントの影響も強く受けていますので、聖母マリアをはじめとする聖人たちを崇敬することに心理的な抵抗がある方たちのお気持ちは、とてもよくわかります。それではなぜ自分は聖人たちを崇敬できるのかと言えば、筆者の中では、本編のラストでご紹介したマザー・テレサ（コルカタの聖テレサ）と聖ヨハネ・パウロ2世教皇の存在が非常に大きいからです。

「この人は聖人だと信じられる事例を、わたしは知らない。だから信じない」

だれかがそのようにお考えになるのは当然の心理で、同意します。筆者も、聖人と思える人がまったく思い浮かばなければ崇敬する気にならなかったでしょうが、キリスト教に興味を抱く前から、国際ニュースでたまに目にするマザー・テレサやヨハネ・パウロ2世には聖性と呼ぶしかない不思議な力が感じられ、リスペクトしていました。

筆者がいつも想像するのは、良心のカケラもないかのように周囲に思われている極悪人がどこかにいたとして、その人物も――そのような人物こそ――マザー・テレサやヨハネ・パウロ2世と対面したら、膝《ひざ》を折り、涙を流して自分が犯してきた罪を告白し、ゆるしを求めるのではないか、ということです。そんな極悪人をも、聖人たちは、いつでもやさしく抱きしめ、無条件でゆるしてくれます。それこそ聖性の持つ力です。

凶悪事件を起こした犯罪者が、死刑になる瞬間まで反省しないケースもあります。ですが、その人物が本当に反省していないかどうかは、本人にしかわかりません。いや、本人にすらわからないかもしれません。その人物は、過去の自分の行為を否定しても惨めになるだけなので、無理をして反省しないフリをしているだけとも考えられます。

死刑が決まってから自分の犯した罪を後悔し、悔い改めてから死刑執行された囚人もたくさんいます。信じられないほど非道なことをした人物が、心から反省したケースは実際にあります。そのケースでも、本心は、もちろん本人にしかわかりませんが。

ファンタジー小説の名作「ナルニア国物語」で知られるイギリスの作家C・S・ルイスは、キリスト教関連書籍の名作も遺しています。代表作「キリスト教の精髄《せいずい》」の中で、ルイスは、すべての人が「正しいことをしなくてはならない」謎の使命感と、「実際にはそれができない」自分への罪悪感を抱えている点を指摘しています。

たとえば、目の前の路上に、倒れて苦しそうに呻《うめ》いている人がいたとしたら、あなたは、どうするでしょうか？　ほかの人が周囲にいれば、その人たちに任せて歩き去るかもしれません。ですが、自分しかそこにいない状況で、なおかつ「助けてください」と懇願《こんがん》されても歩き去れる人は、なかなかいないはずです。救急車を呼ぶか、救急医療の心得のある方なら、ＡＥＤ（＝自動体外式除細動器）を探すかもしれません。

そのような人助けをして、悪い気持ちになる人は絶対にいません。ふだん周囲から悪人のように思われている人でも、ふとした気まぐれで人助けをして、相手から感謝されれば、決して悪い気はしないはずです。そのような性質こそ、人間の本質です。人間は根本的に善だというわけではなく、どれだけ悪に傾きかけていても、人間は常に「正しいことをしなくてはならない」謎の衝動に導かれている、ということです。

キリスト教の聖書では、神が人間に、聖なる存在となることで自分に近づくように呼びかけます。キリスト教の観点では、全人類に生まれながらに備わっている「正しいことをしなくてはならない」謎の使命感の正体は、神が人間の心の中に植えつけたこの「聖なる存在に近づこうとする衝動」なのです。ところが、どんな立派な人間でも、それを確実にまっとうできないのは、人間には罪に傾く性質も同時にあるからです。キリスト教では、それをアダムとイヴの犯した罪に由来する「原罪《げんざい》」だと考えています。

聖人たちは、100パーセント清らかなだけの人たちではありません。彼らにも人間臭い弱さがあったことは、多くの逸話が示しています。つまり、全人類の中に「聖人」と「罪びと」の要素が同時にあり、その両者の中間を常に揺れ動いているのです。

本書でご紹介した聖人伝の中で活躍する伝説上の聖人たちは、もちろん、脚色《きゃくしょく》された存在ではありますが、彼らが多くの人々から愛され続けてきたのは、彼らが「正しいことをしなくてはならない」謎の使命感を貫き通した善きお手本だからでしょう。

聖人ならざるわれわれ大多数の一般人にとっては、聖人のように清く正しく生きることは難しいですが、だとしても、どんな人の中にも「聖人」と「罪びと」の要素があります。どうせなら「正しいことをしなくてはならない」衝動に逆らわず素直に従う「聖人の時間」を少しでも長く持てたほうが、人生はより豊かになるかもしれません。

ずっと「聖人」という人はいませんし、ずっと「罪びと」という人もいません。本書があなたの中にある「聖人」と「罪びと」を意識し、ご自分の「聖人の時間」を大切にするひとつのきっかけとなるようでしたら、そんなにも嬉しいことはありません。

最後に、本書が第3弾となる「どろどろ」シリーズが始まるきっかけをつくってくださった幻冬舎の茅原秀行さんと、このシリーズの可能性を信じて3度目の機会を与えてくださった朝日新聞出版の齋藤太郎さん、また、この第3弾が生まれる直接の援護射撃をしてくださった著者仲間の藤枝暁生さんに、特に記して御礼申し上げます。

ご多忙な中、推薦文をくださった上馬《かみうま》キリスト教会のMAROさんに特別な感謝を。また、日本聖書協会の皆様、歌人の林あまりさん、「キリスト新聞」の松谷信司編集長には、聖書エッセイコンテストで大変お世話になっています。プロテスタントの立場から、あたたかいエールを贈ってくださる善き理解者の島田恒先生と波勢邦生さんにも心から感謝しています。日頃、貴重なご助言や激励メッセージをくださる、来住英俊神父様、高祖敏明神父様、赤岩聰神父様。そして、筆者が所属するカトリック高輪教会の親愛なる兄弟姉妹、特に、土曜日の朗読者グループ、先唱者グループ、侍者グループの皆さんには大変お世話になり、本書執筆の活力をいただいたことに感謝申し上げます。
神様の恵みと平和が、いつも皆様とともにありますように。

2023年8月28日　聖アウグスティヌスの記念日に

清涼院流水　拝

主要参考文献

『黄金伝説1』ヤコブス・デ・ウォラギネ著　前田敬作・今村孝訳　平凡社ライブラリー
『黄金伝説2』ヤコブス・デ・ウォラギネ著　前田敬作・山口裕訳　平凡社ライブラリー
『黄金伝説3』ヤコブス・デ・ウォラギネ著　前田敬作・西井武訳　平凡社ライブラリー
『黄金伝説4』ヤコブス・デ・ウォラギネ著　前田敬作・山中知子訳　平凡社ライブラリー
『エウセビオス「教会史」』上下巻　エウセビオス著　秦剛平訳　講談社学術文庫
『キリスト教の歳時記　知っておきたい教会の文化』八木谷涼子著　講談社学術文庫
『使徒教父文書』荒井献編　講談社文芸文庫
『全面改訂版　教会の聖人たち』上下巻　池田敏雄著　サンパウロ
『聖人たちの生涯　現代的聖者175名』池田敏雄著　中央出版社
『聖人366日事典』鹿島茂著　東京堂出版
『聖人祭事紀行　祈りと熱狂のヨーロッパ写真歳時記』若月伸一著　八坂書房
『名画でたどる聖人たち　もう一つのキリスト教世界』秦剛平著　青土社
『美術で読み解く聖人伝説』秦剛平著　ちくま学芸文庫
『よくわかる聖人・聖女伝説　その奇跡と生涯』千葉桂子著　新人物文庫
『守護聖者　人になれなかった神々』植田重雄著　中公新書
『図説　聖人事典』オットー・ヴィマー著　藤代幸一訳　八坂書房
『図説　キリスト教聖人文化事典』マルコム・デイ著　神保のぞみ訳　原書房

『ミサの前に読む聖人伝』キリストバル・パリョヌェボ著　サンパウロ
『聖者の事典』エリザベス・ハラム編　鏡リュウジ・宇佐和通訳　柏書房
『聖人崇拝』ローレンス・S・カニンガム著　高柳俊一訳　教文館
"Oxford Dictionary of Saints" David Farmer著 Oxford University Press
"The Penguin Dictionary of Saints" Donald Attwater, Catherine Rachel John著 Penguin Books
"Lives of the Saints" Alban Butler著 Tan Books
"Lives of the Saints" Hugo Hoever著 Catholic Book Publishing
"Stories of the Saints" Carey Wallace, Nick Thornborrow著 Workman Publishing Company
"The Protevangelium of James" Lily C. Vuong著 Cascade Books
"The Gospel of Nicodemus" Apostel Arne Horn著 Lulu.com
"The Apocryphal Acts of Andrew" Jan N. Bremmer著 Peeters Pub & Booksellers

清涼院流水　せいりょういん・りゅうすい
1974年、兵庫県生まれ。作家。英訳者。「The BBB（作家の英語圏進出プロジェクト）」編集長。京都大学在学中、『コズミック』（講談社）で第2回メフィスト賞を受賞。以後、著作多数。TOEICテストで満点を5回獲得。2020年7月20日に受洗し、カトリック信徒となる。近著に『どろどろの聖書』『どろどろのキリスト教』（ともに朝日新書）など。

朝日新書
934

どろどろの聖人伝《せいじんでん》

2023年11月30日 第1刷発行

著　者　清涼院流水

発行者　宇都宮健太朗
カバーデザイン　アンスガー・フォルマー　田嶋佳子
印刷所　TOPPAN株式会社
発行所　朝日新聞出版
〒104-8011　東京都中央区築地5-3-2
電話　03-5541-8832（編集）
　　　03-5540-7793（販売）

Published in Japan by Asahi Shimbun Publications Inc.
ISBN 978-4-02-295240-0
定価はカバーに表示してあります。

落丁・乱丁の場合は弊社業務部(電話03-5540-7800)へご連絡ください。
送料弊社負担にてお取り替えいたします。

動乱の日本戦国史
桶狭間の戦いから関ヶ原の戦いまで

呉座勇一

教科書や小説に描かれる戦国時代の合戦は疑ってかかるべし。信長の鉄砲三段撃ち（長篠の戦い）、家康の問鉄砲（関ヶ原の戦い）などは後世の捏造だ！　戦国時代を象徴する六つの戦いについて、最新の研究結果を紹介し、その実態に迫る！

プア・ジャパン
気がつけば「貧困大国」

野口悠紀雄

かつて「ジャパン・アズ・ナンバーワン」とまで称されたわが国は大きく凋落し、購買力は1960年代のレベルまで下落した。経済大国から貧困大国に変貌しつつある日本経済の現状と復活策を、60年間世界をみつめた経済学の泰斗が明らかにする。

鵺《ぬえ》の政権
ドキュメント岸田官邸620日

朝日新聞政治部

朝日新聞大反響連載、待望の書籍化！　岸田政権の最大の危うさは「状況追従主義」にある。ビジョンと熟慮に欠け求心力がない。稚拙な政策のツケはやがて国民に及ぶ。つかみどころのない〝鵺〟のような虚像の正体に迫る渾身のルポ。

よもだ俳人子規の艶

夏井いつき
奥田瑛二

34年の短い生涯で約2万5千もの俳句を残した正岡子規。中には遊里や遊女を詠んだ句も意外に多く、ユーモアや反骨精神、ダンディズムなどが味わえる。そんな子規俳句を縦横無尽に読み込む、松山・東京・道後にわたる全三夜の子規トーク！

人類滅亡2つのシナリオ
AIと遺伝子操作が悪用された未来

小川和也

急速に進化する、AIとゲノム編集技術。画期的な技術ゆえ、制度設計の不備に〝悪意〟が付け込めば、人類の未来は大きく暗転する。「デザイナーベビーの量産」、「〝超知能〟による支配」……。想定しうる最悪な未来と回避策を示す。

朝日新書

発達「障害」でなくなる日

朝日新聞取材班

こだわりが強い、コミュニケーションが苦手といった発達障害の特性は本当に「障害」なのか。学校や会社、人間関係などに困難を感じる人々の事例を通し、当事者の生きづらさが消える新しい捉え方、接し方を探る。「朝日新聞」大反響連載を書籍化。

藤原氏の1300年

超名門一族で読み解く日本史

京谷一樹

摂関政治によって栄華を極めた藤原氏は、一族の「ブランド」を最大限に生かし続け、武士の世も、激動の近現代も生き抜いた。大化の改新の中臣鎌足から昭和の内閣総理大臣・近衛文麿までの90人を取り上げ、名門一族の華麗なる物語をひもとく。

台湾有事　日本の選択

田岡俊次

台湾有事――本当の危機が迫っている。米中対立のリアル、思考停止する日本政府の実態、日本がこうむる人的・経済的損害の実相。選択を間違えたら日本は壊滅する。安保政策が歴史的大転換を遂げた今、老練の軍事ジャーナリストによる渾身の警告！

どろどろの聖人伝

清涼院流水

サンタクロースってどんな人だったの？　12使徒の生涯とは？　キリスト教の聖人は、意外にも2000人以上存在します。そのなかから、有名な聖人を取り上げ、その物語をご紹介。聖人伝を通して、日本とは異なる文化を楽しんでいただけることでしょう。

一億三千万人のための『歎異抄』

高橋源一郎

戦乱と飢饉の中世、弟子の唯円が聞き取った親鸞の『歎異抄』。救い、悪、他力の教えに、西田幾多郎、司馬遼太郎、梅原猛、吉本隆明は魅了され、著者も10年近く読みこんだ。『歎異抄』は親鸞の『君たちはどう生きるか』なのだ。今の言葉で伝えるみごとな翻訳。